화엄경 제62권 (입법계품 39-3)

그때 문수보살이 비구들에게 보리심을 발하게 하시고, 남쪽으로 가다가 옛부처님들이 설법하시던 복성동쪽 장엄당 사라림에 이르러 백만 나유타경을 설하였다. (1-14p)

그때 문수보살이 선재동자를 보고 위안하자 선재동자가 게송을 읊었다. (15-27p)

"三有爲城郭 驕慢爲垣牆 ∽ 已繫妙法繒 願能慈顧我"

그때 문수보살이 선재를 다시 한번 칭찬하고 게송을 읊었다. (27-33p)

"善哉功德藏 能來至我所 ∽ 皆發菩提意 願學普賢乘"

선재동자가 이 말씀을 듣고 환희용약하여 승낙국 묘봉산 덕운비국를 찾아가 시방제불을 생각하는 염불문을 통해 발심의 원력을 배우고 (33-50p), 다음 덕운비구의 안내를 받아 남방으로 가니 해문국 해운스님을 뵙고 갖가지 선근을 통해 마음 다스리는 법(治地住)를 배웠으며 (50-88p), 다시 선주비구를 찾아가 수행방법(修行住)를 배웠다. (88-99p)

入法界品 第三十九之三

입법계품 제삼십구지삼

爾時文殊師利菩薩勸諸

이시문수사리보살권제

比丘發阿耨多羅三藐三菩

비구발아뇩다라삼먁삼보

提心已漸次南行經歷人間

리심이점차남행경력인간

至福城東住莊嚴幢娑羅林

지복성동주장엄당사라림

中往昔諸佛曾所止住教化

중왕석제불증소지주교화

衆生大塔廟處亦是世尊於

중생대탑묘처역시세존어

往(왕)昔(석)時(시)修(수)菩(보)薩(살)行(행)能(능)捨(사)無(무)量(량)
難(난)捨(사)之(지)處(처)是(시)故(고)此(차)林(림)名(명)稱(칭)普(보)
聞(문)無(무)量(량)佛(불)刹(찰)此(차)處(처)常(상)爲(위)天(천)龍(용)
夜(야)叉(차)乾(건)闥(달)婆(바)阿(아)脩(수)羅(라)迦(가)樓(루)羅(라)
緊(긴)那(나)羅(라)摩(마)睺(후)羅(라)伽(가)人(인)與(여)非(비)人(인)
之(지)所(소)供(공)養(양)時(시)文(문)殊(수)師(사)利(리)與(여)其(기)
眷(권)屬(속)到(도)此(차)處(처)已(이)卽(즉)於(어)其(기)處(처)說(설)

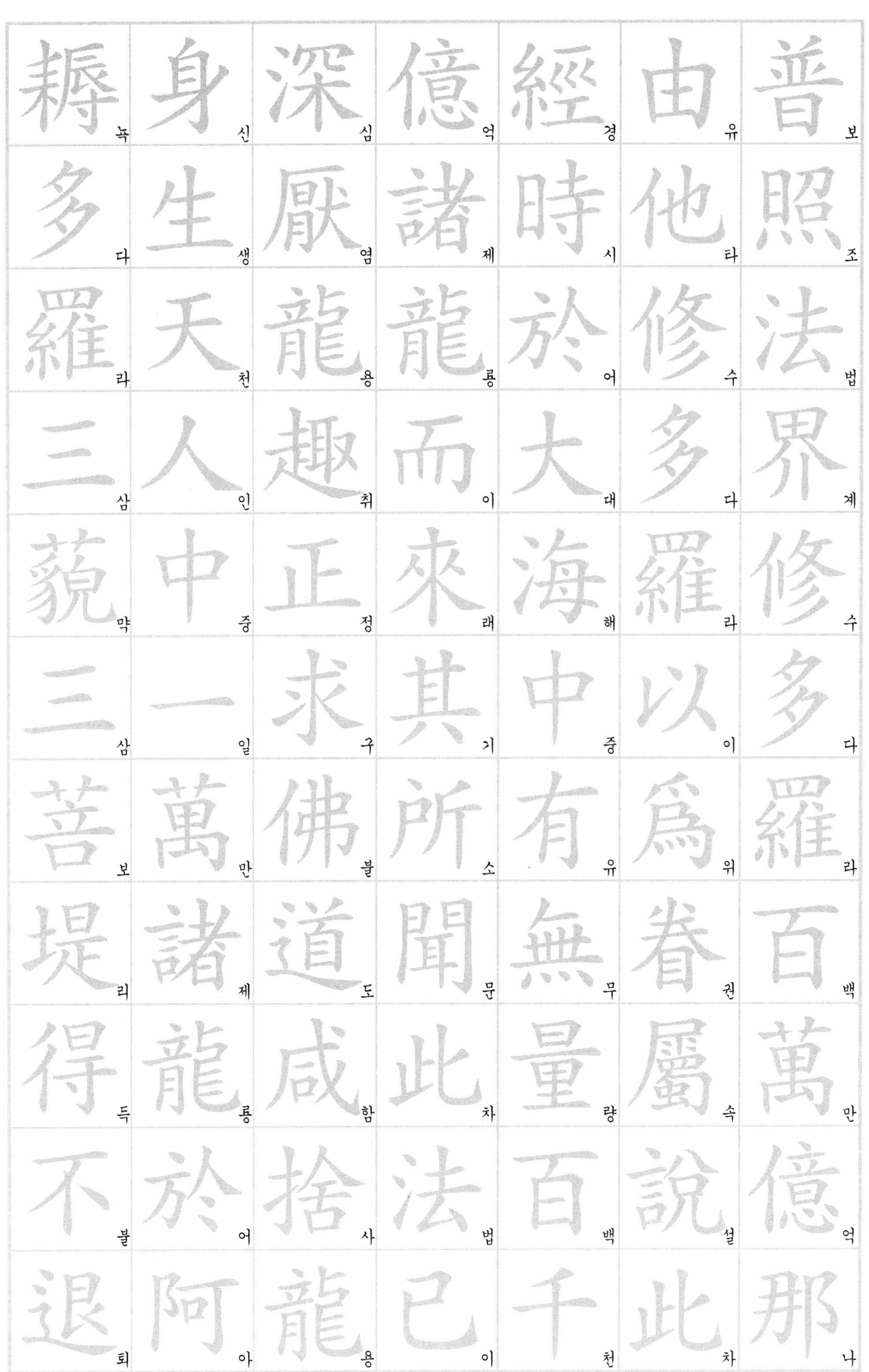
普照法界修多羅百萬億那
보조법계수다라백만억나
由他修多羅以爲眷屬說此
유타수다라이위권속설차
經時於大海中有無量百千
경시어대해중유무량백천
億諸龍而來其所聞此法已
억제룡이래기소문차법이
深厭龍趣正求佛道咸捨龍
심염용취정구불도함사용
身生天人中一萬諸龍於阿
신생천인중일만제룡어아
耨多羅三藐三菩提得不退
뇩다라삼먁삼보리득불퇴

塞 새	婆 바	從 종	羅 라	文 문	乘 승	轉 전
眷 권	塞 새	其 기	林 림	殊 수	中 중	復 부
屬 속	名 명	城 성	中 중	師 사	各 각	有 유
俱 구	曰 왈	出 출	大 대	利 리	得 득	無 무
所 소	大 대	來 내	塔 탑	童 동	調 조	量 량
謂 위	智 지	詣 예	廟 묘	子 자	伏 복	無 무
須 수	與 여	其 기	處 처	在 재	時 시	數 수
達 달	五 오	所 소	無 무	莊 장	福 복	衆 중
多 다	百 백	時 시	量 량	嚴 엄	城 성	生 생
優 우	優 우	有 유	大 대	幢 당	人 인	於 어
婆 바	婆 바	優 우	衆 중	娑 사	聞 문	三 삼

塞婆須達多優婆塞福德光優婆塞有名稱優婆塞施名稱優婆塞月德優婆塞善慧優婆塞大慧多優婆塞賢護優婆塞賢勝優婆塞如是等五百優婆塞俱來詣文殊師利童子所頂禮其足右遶三

사경의 공덕은 십만억 부처님께 공양한 것과 같은 공덕이 있습니다.

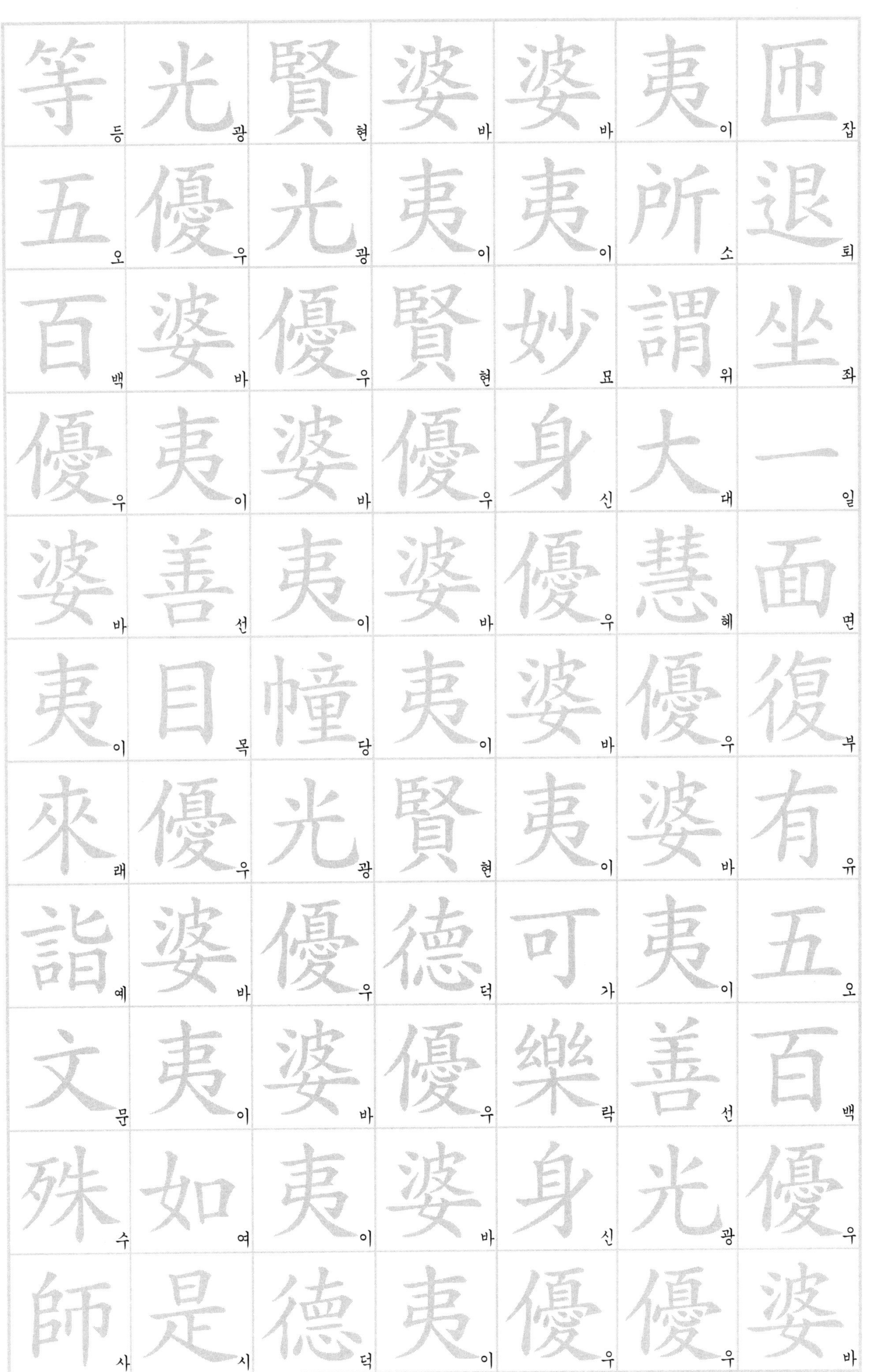

匝退坐一面復有五百優婆
잡퇴좌일면부유오백우바
夷所謂大慧優婆夷善光優
이소위대혜우바이선광우
婆夷妙身優婆夷可樂身優
바이묘신우바이가락신우
婆夷賢優婆夷賢德優婆夷
바이현우바이현덕우바이
賢光優婆夷幢光優婆夷德
현광우바이당광우바이덕
光優婆夷善目優婆夷如是
광우바이선목우바이여시
等五百優婆夷來詣文殊師
등오백우바이래예문수사

利童子所頂禮其足右遶三
리동자소정례기족우요삼

帀退坐一面復有五百童子
잡퇴좌일면부유오백동자

所謂善財童子善行童子
소위선재동자선행동자

戒童子善威儀童子勇猛
계동자선위의동자용맹

童子善思童子善慧童子善
동자선사동자선혜동자선

覺童子善眼童子善臂童子
각동자선안동자선비동자

善光童子如是等五百童子
선광동자여시등오백동자

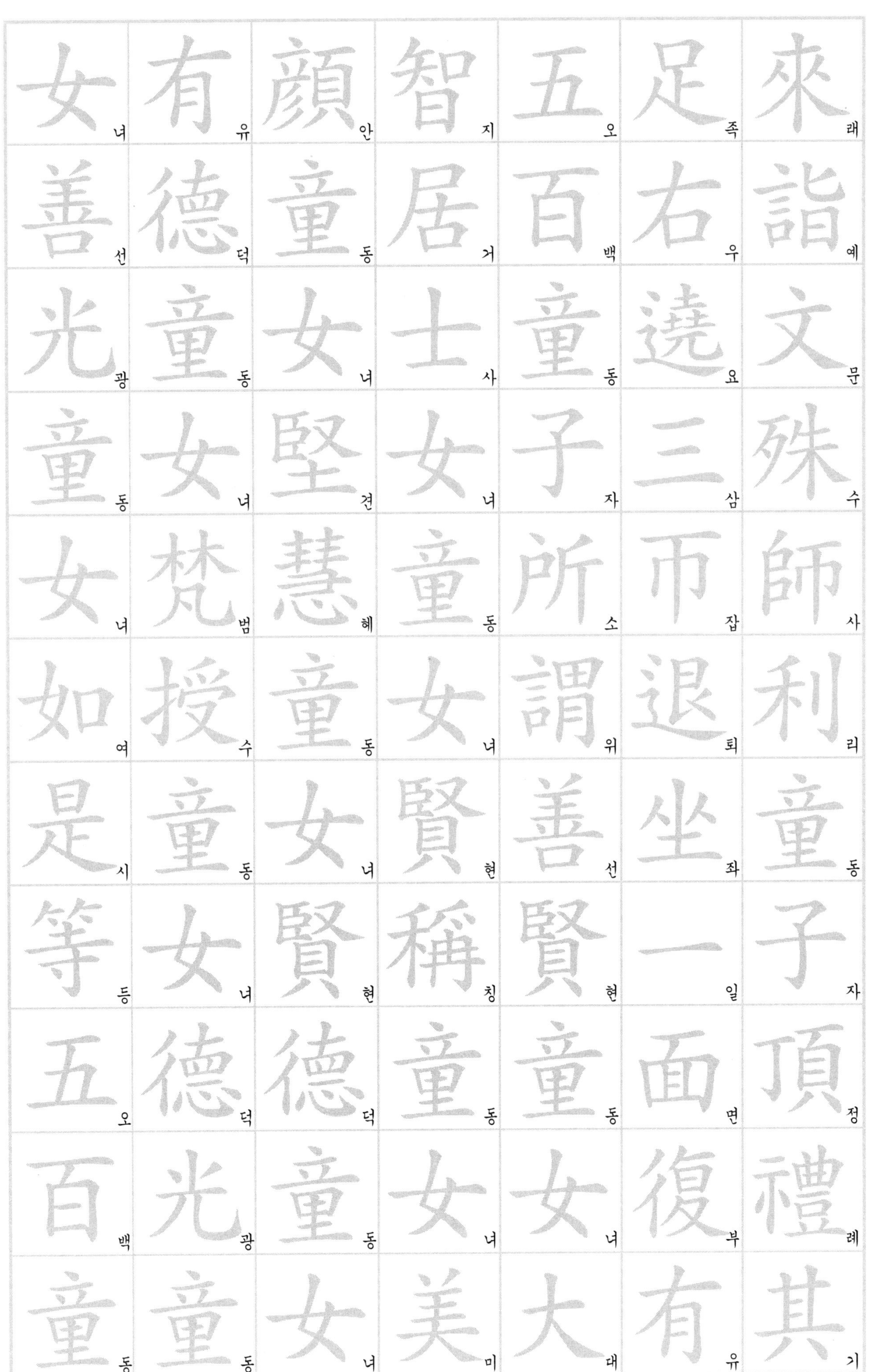

來詣文殊師利童子頂禮其 (래예문수사리동자정례기)
足右遶三帀退坐一面復有 (족우요삼잡퇴좌일면부유)
五百童子所謂善賢童女大 (오백동자소위선현동녀대)
智居士女童女賢稱童女美 (지거사녀동녀현칭동녀미)
顏童女堅慧童女賢德童女 (안동녀견혜동녀현덕동녀)
有德童女梵授童女德光童 (유덕동녀범수동녀덕광동)
女善光童女如是等五百童 (녀선광동녀여시등오백동)

女녀 來래 詣예 文문 殊수 師사 利리 童동 子자 所소 頂정
禮례 其기 足족 右우 遶요 三삼 帀잡 退퇴 坐좌 一일 面면
爾이 時시 文문 殊수 師사 利리 童동 子자 知지 福복
城성 人인 悉실 已이 來래 集집 隨수 其기 心심 樂락 現현
自자 在재 身신 威위 光광 赫혁 奕혁 蔽폐 諸제 大대 衆중
以이 自자 在재 大대 慈자 令령 彼피 清청 涼량 以이 自자
在재 大대 悲비 起기 說설 法법 心심 以이 自자 在재 智지

사경의 공덕은 십만억 부처님께 공양한 것과 같은 공덕이 있습니다.

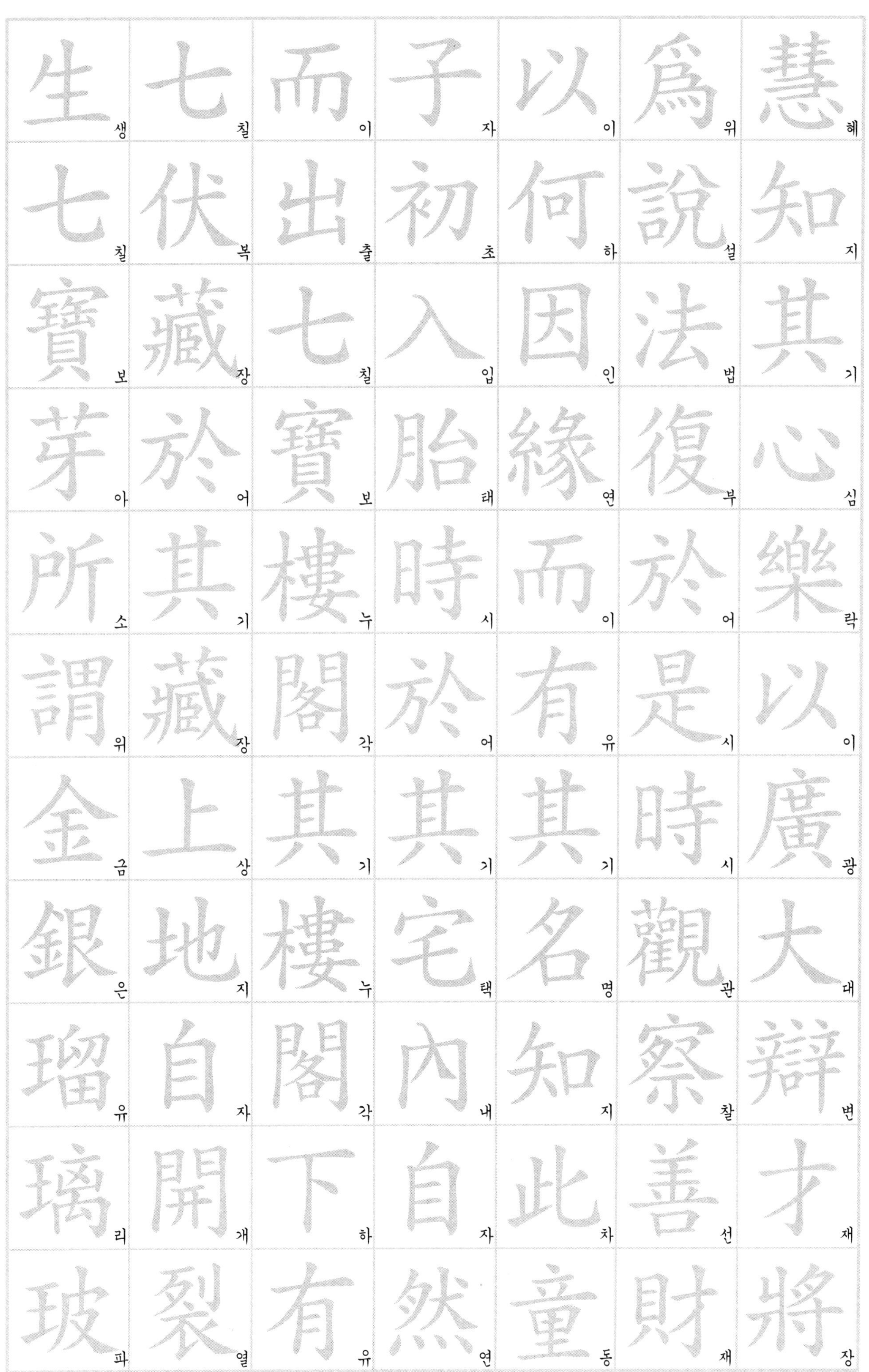

慧知其心樂以廣大辯才將
爲說法復於是時觀察善財
以何因緣而有其名知此童
子初入胎時於其宅內自然
而出七寶樓閣其樓閣下有
七伏藏於其藏上地自開裂
生七寶芽所謂金銀瑠璃玻

璖眞珠硨磲瑪瑙善財童子
려진주자거마노선재동자

處胎十月然後誕生形體肢
처태시월연후탄생형체지

分端正具足其七大藏縱廣
분단정구족기칠대장종광

高下各滿七肘從地湧出光
고하각만칠주종지용출광

明照耀復於宅中自然而有
명조요부어택중자연이유

五百寶器種種諸物自然盈
오백보기종종제물자연영

滿所謂金剛器中盛一切香
만소위금강기중성일체향

於香器中盛種種衣美玉器
어향기중성종종의미옥기

中盛滿種種上味飲食摩尼
중성만종종상미음식마니

器中盛滿種種殊異珍寶金
기중성만종종수이진보금

器盛銀銀器盛金金銀器中
기성은은기성금금은기중

盛滿瑠璃及摩尼寶玻瓈器
성만유리급마니보파려기

中盛滿硨磲硨磲器中盛滿
중성만자거자거기중성만

玻瓈瑪瑙器中盛滿眞珠眞
파려마노기중성만진주진

사경의 공덕은 십만억 부처님께 공양한 것과 같은 공덕이 있습니다.

共 공	此 차	財 재	器 기	盛 성	中 중	珠 주
呼 호	事 사	物 물	自 자	滿 만	盛 성	器 기
此 차	故 고	一 일	然 연	火 화	滿 만	中 중
兒 아	父 부	切 체	出 출	摩 마	水 수	盛 성
名 명	母 모	庫 고	現 현	尼 니	摩 마	滿 만
曰 왈	親 친	藏 장	又 우	如 여	尼 니	瑪 마
善 선	屬 속	悉 실	雨 우	是 시	水 수	瑙 노
財 재	及 급	令 령	衆 중	等 등	摩 마	火 화
又 우	善 선	充 충	寶 보	五 오	尼 니	摩 마
知 지	相 상	滿 만	及 급	百 백	器 기	尼 니
此 차	師 사	以 이	諸 제	寶 보	中 중	器 기

사경의 공덕은 십만억 부처님께 공양한 것과 같은 공덕이 있습니다.

童子已曾供養過去諸佛深
種善根信解廣大常樂親近
諸善知識身語意業皆無過
失淨菩薩道求一切智成佛
法器其心淸淨猶如虛空迴
向菩提無所障礙
爾時文殊師利菩薩如是

觀察善財童子已安慰開喩
관찰선재동자이안위개유

而爲演說一切佛法所謂說
이위연설일체불법소위설

一切佛積集法說一切佛相
일체불적집법설일체불상

續法說一切佛次第法說一
속법설일체불차제법설일

切佛衆會淸淨法說一切佛
체불중회청정법설일체불

法輪化導法說一切佛色身
법륜화도법설일체불색신

相好法說一切佛法身成就
상호법설일체불법신성취

사경의 공덕은 십만억 부처님께 공양한 것과 같은 공덕이 있습니다.

法說一切佛言辭辯才法說
법설일체불언사변재법설

一切佛光明照耀法說一切
일체불광명조요법설일체

佛平等無二法
불평등무이법

爾時文殊師利童子爲善
이시문수사리동자위선

財童子及諸大衆說此法已
재동자급제대중설차법이

般勤勸喩增長勢力令其歡
은근권유증장세력령기환

喜發阿耨多羅三藐三菩提
희발아뇩다라삼약삼보리

心又令憶念過去善根作是
事已卽於其處復爲衆生隨
宜說法然後而去爾時善財
童子從文殊師利所聞佛如
是種種功德一心勤求阿耨
多羅三藐三菩提隨文殊師
利而說頌曰

심우령억념과거선근작시
사이즉어기처부위중생수
의설법연후이거이시선재
동자종문수사리소문불여
시종종공덕일심근구아뇩
다라삼먁삼보제수문수사
리이설송왈

사경의 공덕은 십만억 부처님께 공양한 것과 같은 공덕이 있습니다.

慳 간	疑 의	貪 탐	魔 마	愚 우	諸 제	三 삼
嫉 질	惑 혹	愛 애	王 왕	癡 치	趣 취	有 유
憍 교	蔽 폐	爲 위	作 작	闇 암	爲 위	爲 위
盈 영	其 기	徽 휘	君 군	所 소	門 문	城 성
故 고	眼 안	纏 전	主 주	覆 부	戶 호	郭 곽

入 입	趣 취	諂 첨	童 동	貪 탐	愛 애	憍 교
於 어	入 입	誑 광	蒙 몽	恚 에	水 수	慢 만
三 삼	諸 제	爲 위	依 의	火 화	爲 위	爲 위
惡 악	邪 사	轡 비	止 지	熾 치	池 지	垣 원
處 처	道 도	勒 륵	住 주	然 연	塹 참	墻 장

或墮諸趣中 혹타제취중
妙智清淨日 묘지청정일
能竭煩惱海 능갈번뇌해
妙智清淨月 묘지청정월
一切悉施安 일체실시안
一切法界王 일체법계왕
遊空無所礙 유공무소애

生老病死苦 생로병사고
大悲圓滿輪 대비원만륜
願賜少觀察 원사소관찰
大慈無垢輪 대자무구륜
願垂照察我 원수조찰아
法寶爲先導 법보위선도
願垂敎勅我 원수교칙아

사경의 공덕은 십만억 부처님께 공양한 것과 같은 공덕이 있습니다.

一 일	善 선	智 지	世 세	超 초	捨 사	仁 인
切 체	知 지	眼 안	間 간	諸 제	離 리	者 자
決 결	邪 사	悉 실	顚 전	世 세	諸 제	悉 실
了 요	正 정	能 능	倒 도	間 간	惡 악	調 조
人 인	道 도	離 리	執 집	者 자	趣 취	伏 복
示 시	分 분	開 개	常 상	示 시	淸 청	如 여
我 아	別 별	我 아	樂 락	我 아	淨 정	燈 등
菩 보	心 심	解 해	我 아	解 해	諸 제	示 시
提 리	無 무	脫 탈	淨 정	脫 탈	善 선	我 아
路 로	怯 겁	門 문	想 상	門 문	道 도	道 도

住佛正見地 (주불정견지)
雨佛妙法華 (우불묘법화)
去來現在佛 (거래현재불)
如日出世間 (여일출세간)
善知一切業 (선지일체업)
智慧決定人 (지혜결정인)
願輪大悲轂 (원륜대비곡)

長佛功德樹 (장불공덕수)
示我菩提道 (시아보리도)
處處悉周徧 (처처실주변)
爲我說其道 (위아설기도)
深達諸乘行 (심달제승행)
示我摩訶衍 (시아마하연)
信軸堅忍轄 (신축견인할)

功(공)德(덕)寶(보)莊(장)校(교)
總(총)持(지)廣(광)大(대)廂(상)
辯(변)才(재)鈴(령)震(진)響(향)
梵(범)行(행)爲(위)茵(인)褥(욕)
法(법)鼓(고)震(진)妙(묘)音(음)
四(사)攝(섭)無(무)盡(진)藏(장)
慚(참)愧(괴)爲(위)羈(기)鞅(앙)

令(영)我(아)載(재)此(차)乘(승)
慈(자)愍(민)莊(장)嚴(엄)蓋(개)
使(사)我(아)載(재)此(차)乘(승)
三(삼)昧(매)爲(위)婇(채)女(녀)
願(원)與(여)我(아)此(차)乘(승)
功(공)德(덕)莊(장)嚴(엄)寶(보)
願(원)與(여)我(아)此(차)乘(승)

사경의 공덕은 십만억 부처님께 공양한 것과 같은 공덕이 있습니다.

常轉布施輪 상전보시륜
忍辱牢莊嚴 인욕뢰장엄
禪定三昧廂 선정삼매상
調伏不退轉 조복불퇴전
大願淸淨輪 대원청정륜
智慧所成就 지혜소성취
普行爲周校 보행위주교
恒塗淨戒香 항도정계향
令我載此乘 영아재차승
智慧方便軛 지혜방편액
令我載此乘 영아재차승
總持堅固力 총지견고력
令我載此乘 영아재차승
悲心作徐轉 비심작서전

所向皆無怯 (소향개무겁)
堅固如金剛 (견고여금강)
一切無障礙 (일체무장애)
廣大極淸淨 (광대극청정)
虛空法界等 (허공법계등)
淨諸業惑輪 (정제업혹륜)
摧魔及外道 (최마급외도)

令我載此乘 (영아재차승)
善巧如幻化 (선교여환화)
令我載此乘 (영아재차승)
普與衆生樂 (보여중생락)
令我載此乘 (영아재차승)
斷諸流轉苦 (단제유전고)
令我載此乘 (영아재차승)

智慧滿十方 지혜만시방
普洽衆生願 보흡중생원
清淨如虛空 청정여허공
利益一切衆 이익일체중
願力速疾行 원력속질행
普運諸含識 보운제함식
如地不傾動 여지불경동

莊嚴徧法界 장엄변법계
令我載此乘 영아재차승
愛見悉除滅 애견실제멸
令我載此乘 영아재차승
定心安隱住 정심안은주
令我載此乘 영아재차승
如水普饒益 여수보요익

사경의 공덕은 십만억 부처님께 공양한 것과 같은 공덕이 있습니다.

如是運衆生 令我載此乘
四攝圓滿輪 總持淸淨光
如是智慧日 願示我令見
已入法王位 已着智王冠
已繫妙法繒 願能慈顧我
爾時文殊師利菩薩如象
王迴觀善財童子作如是言

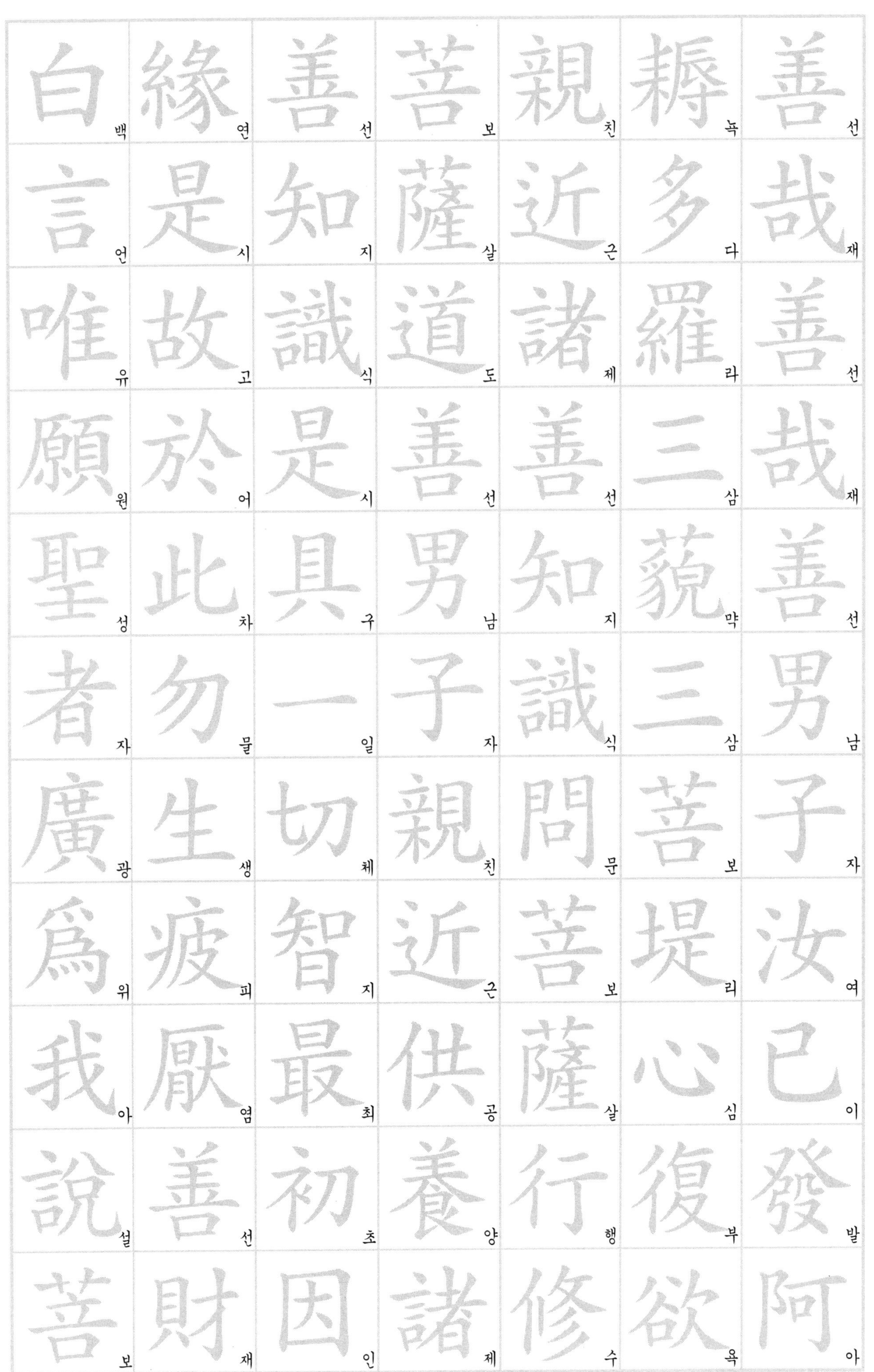
善哉善哉善男子汝已發阿耨多羅三藐三菩提心復欲親近諸善知識問菩薩行修菩薩道善男子親近供養諸善知識是具一切智最初因緣是故於此勿生疲厭善財白言唯願聖者廣爲我說菩

선재선재선남자여이발아뇩다라삼먁삼보리심부욕친근제선지식문보살행수보살도선남자친근공양제선지식시구일체지최초인연시고어차물생피염선재백언유원성자광위아설보

사경의 공덕은 십만억 부처님께 공양한 것과 같은 공덕이 있습니다.

薩살 應응 云운 何하 學학 菩보 薩살 行행 應응 云운 何하
修수 菩보 薩살 行행 應응 云운 何하 趣취 菩보 薩살 行행
應응 云운 何하 行행 菩보 薩살 行행 應응 云운 何하 淨정
菩보 薩살 行행 應응 云운 何하 入입 菩보 薩살 行행 應응
云운 何하 成성 就취 菩보 薩살 行행 應응 云운 何하 隨수
順순 菩보 薩살 行행 應응 云운 何하 憶억 念념 菩보 薩살
行행 應응 云운 何하 增증 廣광 菩보 薩살 行행 應응 云운

何令普賢行速得圓滿爾時
하령보현행속득원만이시

文殊師利菩薩爲善財童子
문수사리보살위선재동자

而說頌言
이설송언

善哉功德藏能來至我所
선재공덕장능래지아소

發起大悲心勤求無上覺
발기대비심근구무상각

已發廣大願除滅衆生苦
이발광대원제멸중생고

普爲諸世間修行菩薩行
보위제세간수행보살행

若有諸菩薩 약유제보살
則具普賢道 즉구보현도
福光福威力 복광복위력
汝爲諸衆生 여위제중생
汝見無邊際 여견무변제
皆悉聽聞法 개실청문법
汝於十方界 여어시방계

不厭生死故 불염생사고
一切無能壞 일체무능괴
福處福淨海 복처복정해
願修普賢行 원수보현행
十方一切佛 시방일체불
受持不忘失 수지불망실
普見無量佛 보견무량불

成就諸願海
若入方便海
能隨導師學
汝遍一切刹
修行普賢行
汝於無量刹
修行普賢行
具足菩薩行
安住佛菩提
當成一切智
微塵等諸劫
成就菩提道
無邊諸劫海
成滿諸大願

此無量衆生聞汝願歡喜
皆發菩提意
願學普賢乘
爾時文殊師利菩薩說此
頌已告善財童子善哉善哉
善男子汝已發阿耨多羅三
藐三菩提心求菩薩行善男
子若有衆生能發阿耨多羅

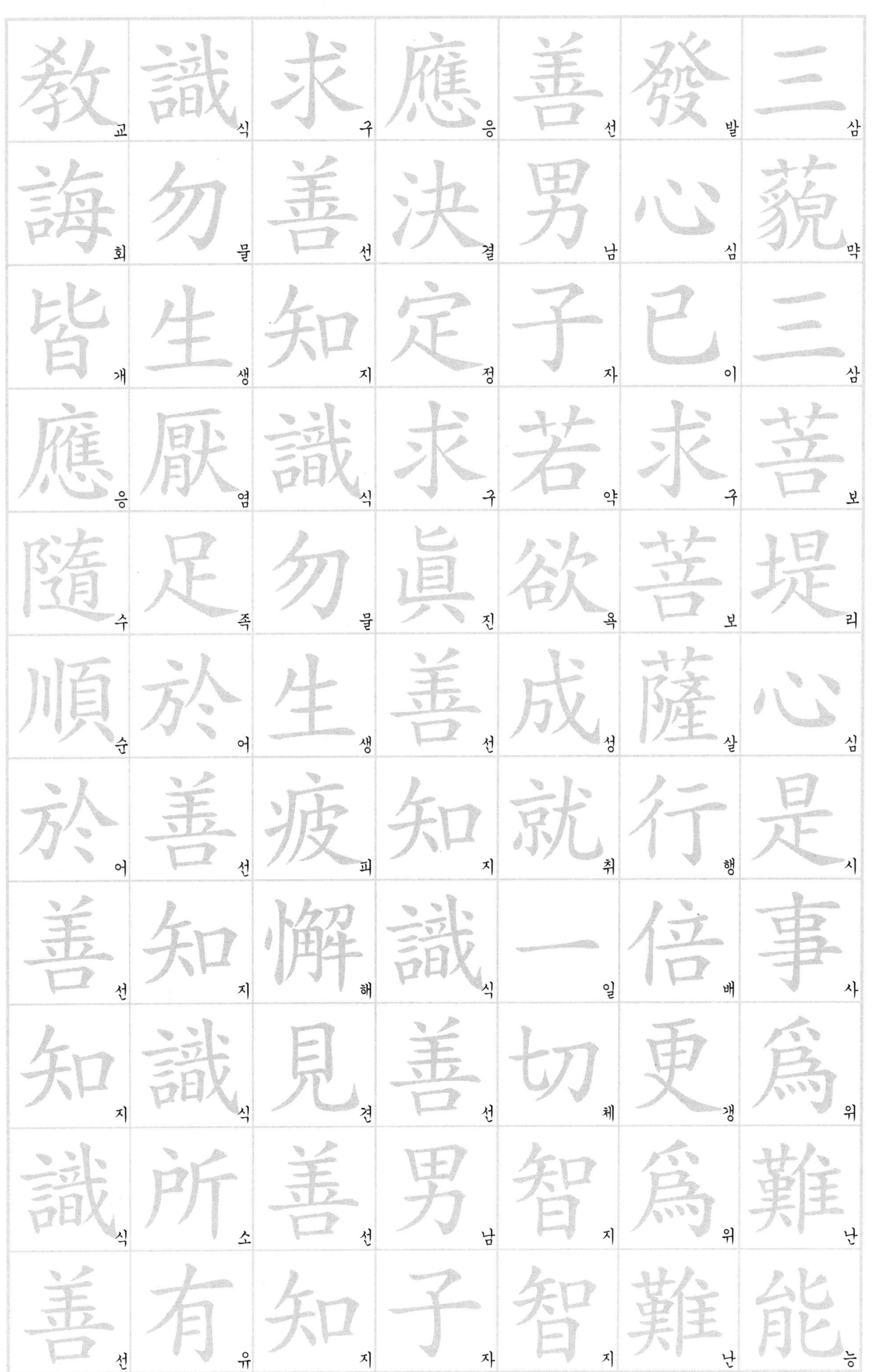

三藐三菩提心是事爲難能
發心已求菩薩行倍更爲難
善男子若欲成就一切智智
應決定求眞善知識善男子
求善知識勿生疲懈見善知
識勿生厭足於善知識所有
教誨皆應隨順於善知識善

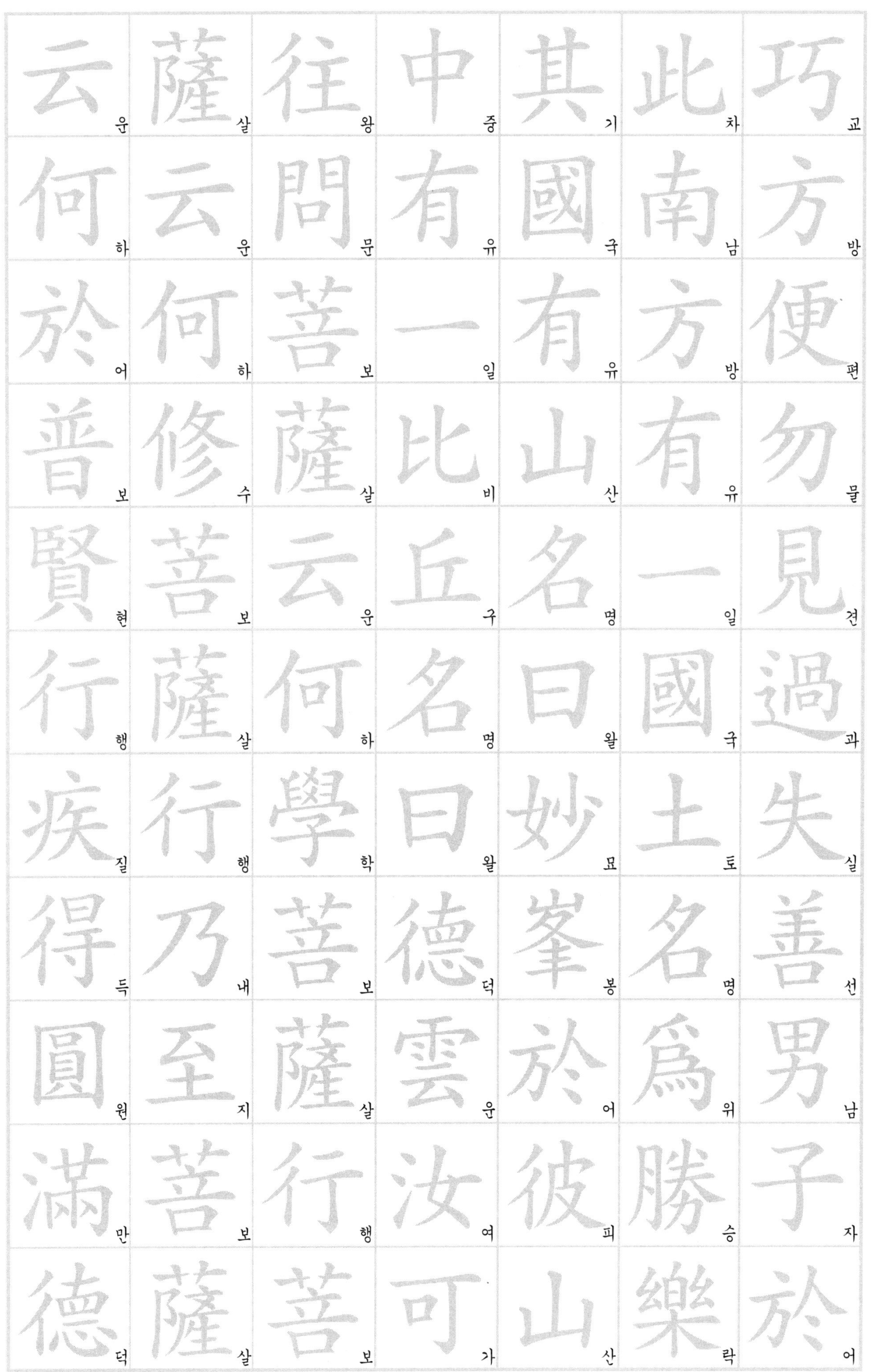
巧(교)方(방)便(편)勿(물)見(견)過(과)失(실)善(선)男(남)子(자)於(어)
此(차)南(남)方(방)有(유)一(일)國(국)土(토)名(명)爲(위)勝(승)樂(락)
其(기)國(국)有(유)山(산)名(명)曰(왈)妙(묘)峯(봉)於(어)彼(피)山(산)
中(중)有(유)一(일)比(비)丘(구)名(명)曰(왈)德(덕)雲(운)汝(여)可(가)
往(왕)問(문)菩(보)薩(살)云(운)何(하)學(학)菩(보)薩(살)行(행)菩(보)
薩(살)云(운)何(하)修(수)菩(보)薩(살)行(행)乃(내)至(지)菩(보)薩(살)
云(운)何(하)於(어)普(보)賢(현)行(행)疾(질)得(득)圓(원)滿(만)德(덕)

觀 관	其 기	南 남	匝 잡	歡 환		雲 운
察 찰	山 산	行 행	般 은	喜 희	爾 이	比 비
求 구	上 상	向 향	勤 근	踊 용	時 시	丘 구
覓 멱	東 동	勝 승	瞻 첨	躍 약	善 선	當 당
渴 갈	西 서	樂 락	仰 앙	頭 두	財 재	爲 위
仰 앙	南 남	國 국	悲 비	頂 정	童 동	汝 여
欲 욕	北 북	登 등	泣 읍	禮 례	子 자	說 설
見 견	四 사	妙 묘	流 류	足 족	聞 문	
德 덕	維 유	峯 봉	淚 루	遶 요	是 시	
雲 운	上 상	山 산	辭 사	無 무	於 어	
比 비	下 하	於 어	退 퇴	數 수	已 이	

사경의 공덕은 십만억 부처님께 공양한 것과 같은 공덕이 있습니다.

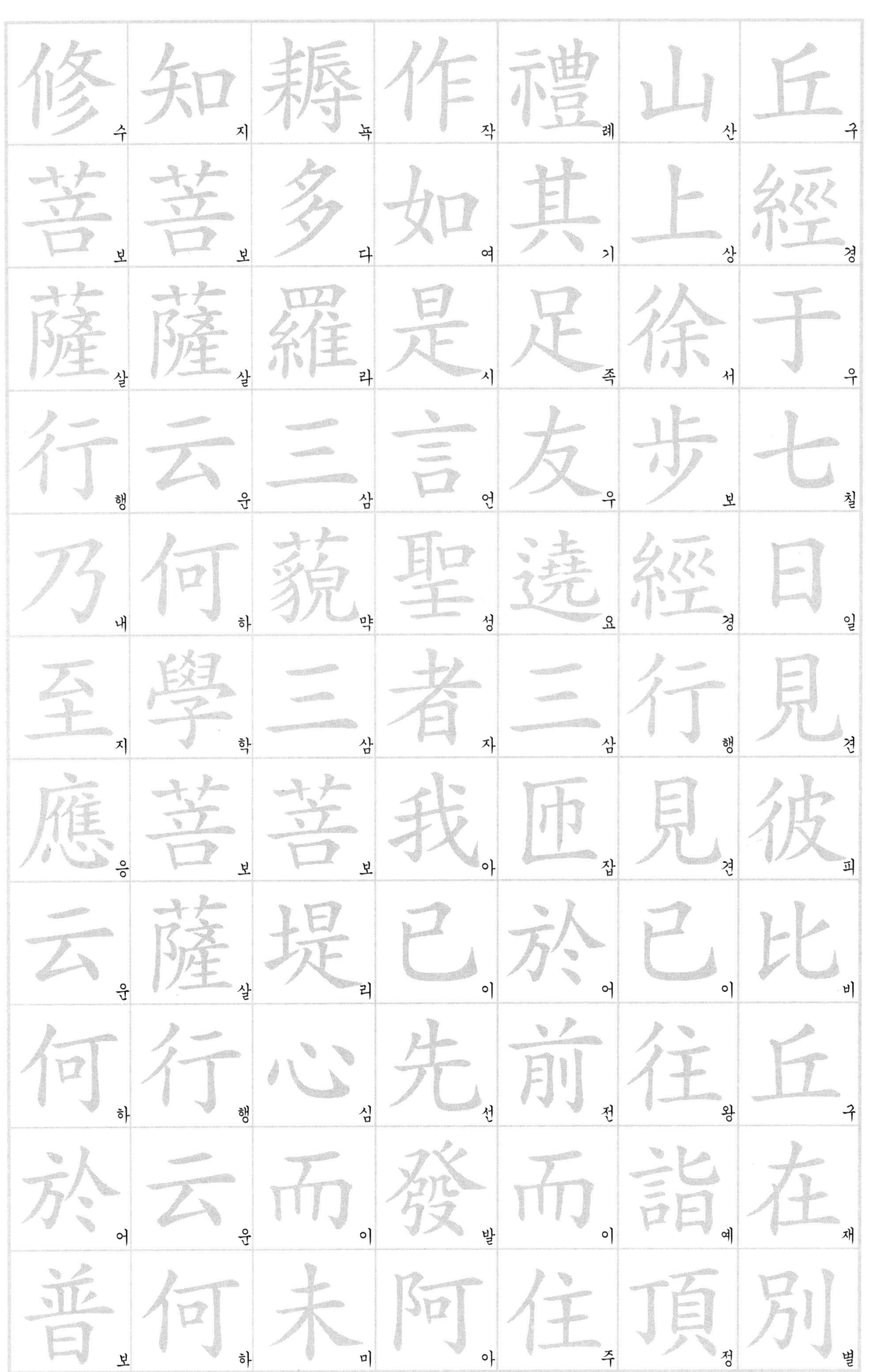

사경의 공덕은 십만억 부처님께 공양한 것과 같은 공덕이 있습니다.

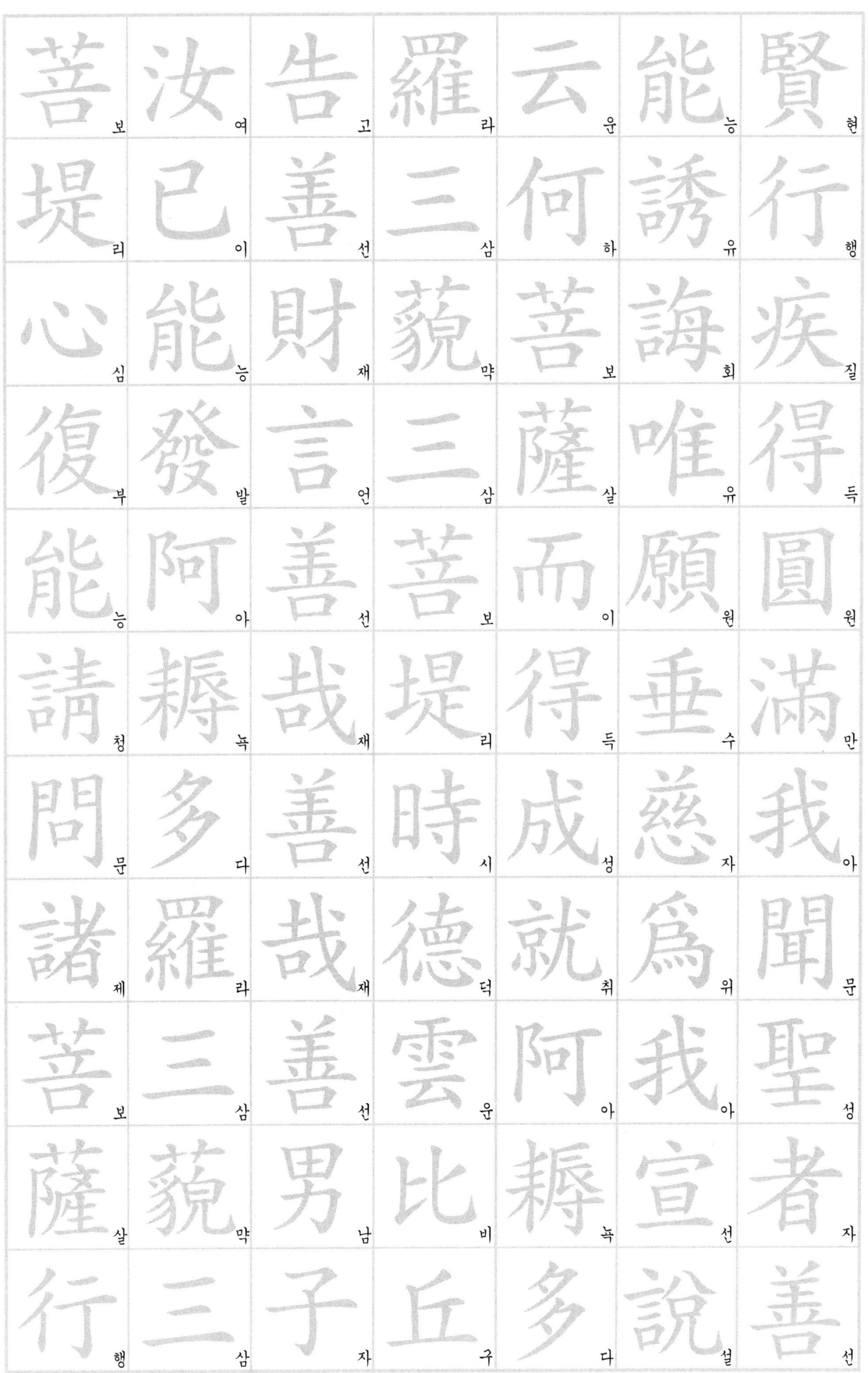

사경의 공덕은 십만억 부처님께 공양한 것과 같은 공덕이 있습니다.

如是之事難中之難所謂求
여시지사난중지난소위구

菩薩行求菩薩境界求菩薩
보살행구보살경계구보살

出離道求菩薩清淨道求菩
출리도구보살청정도구보

薩清淨廣大心求菩薩成就
살청정광대심구보살성취

神通求菩薩示現解脫門求
신통구보살시현해탈문구

菩薩示現世間所作業求菩
보살시현세간소작업구보

薩隨順衆生心求菩薩生死
살수순중생심구보살생사

涅槃門求菩薩觀察有爲無
爲心無所着善男子我得自
在決定解力信眼清淨智光
照耀普觀境界離一切障善
巧觀察普眼明徹具清淨行
往詣十方一切國土恭敬供
養一切諸佛常念一切諸佛

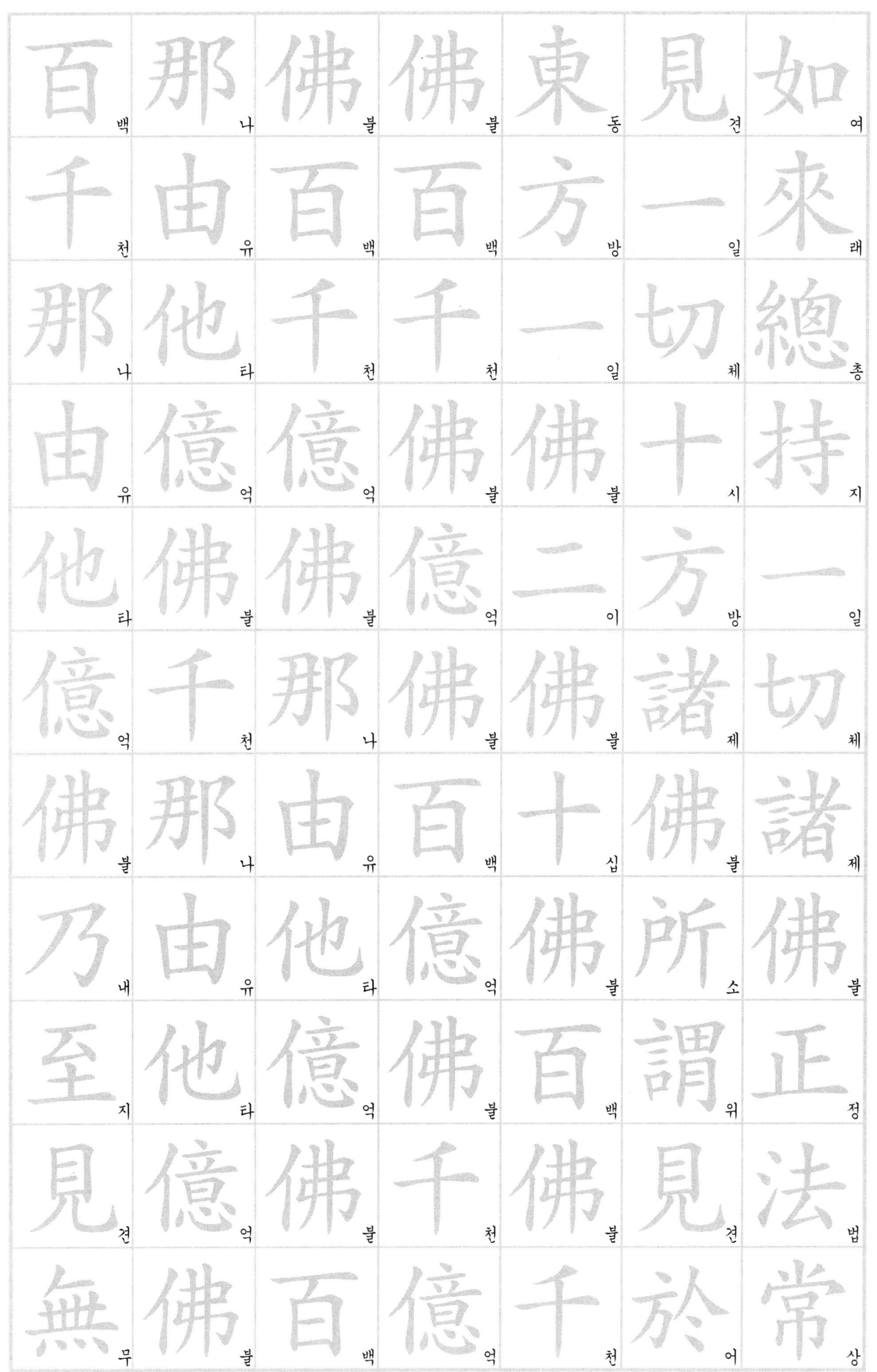

사경의 공덕은 십만억 부처님께 공양한 것과 같은 공덕이 있습니다.

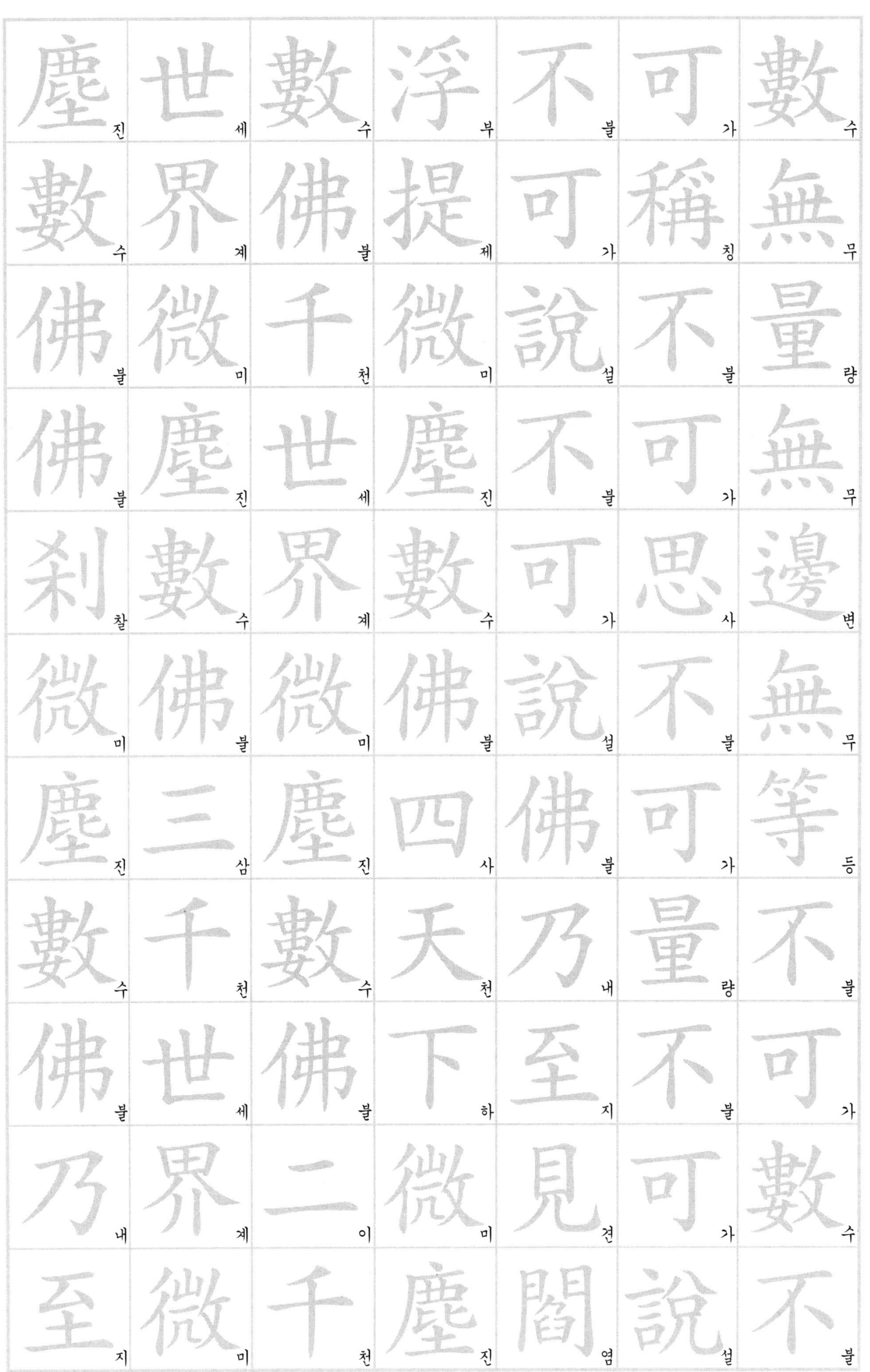

사경의 공덕은 십만억 부처님께 공양한 것과 같은 공덕이 있습니다.

不(불)可(가)說(설)不(불)可(가)說(설)佛(불)刹(찰)微(미)塵(진)數(수)

佛(불)如(여)東(동)方(방)南(남)西(서)北(북)方(방)四(사)維(유)上(상)

下(하)亦(역)復(부)如(여)是(시)一(일)一(일)方(방)中(중)所(소)有(유)

諸(제)佛(불)種(종)種(종)色(색)相(상)種(종)形(형)貌(모)種(종)種(종)

神(신)通(통)種(종)種(종)遊(유)戲(희)種(종)種(종)衆(중)會(회)莊(장)

嚴(엄)道(도)場(량)種(종)種(종)光(광)明(명)無(무)邊(변)照(조)耀(요)

種(종)種(종)國(국)土(토)種(종)種(종)壽(수)命(명)隨(수)諸(제)衆(중)

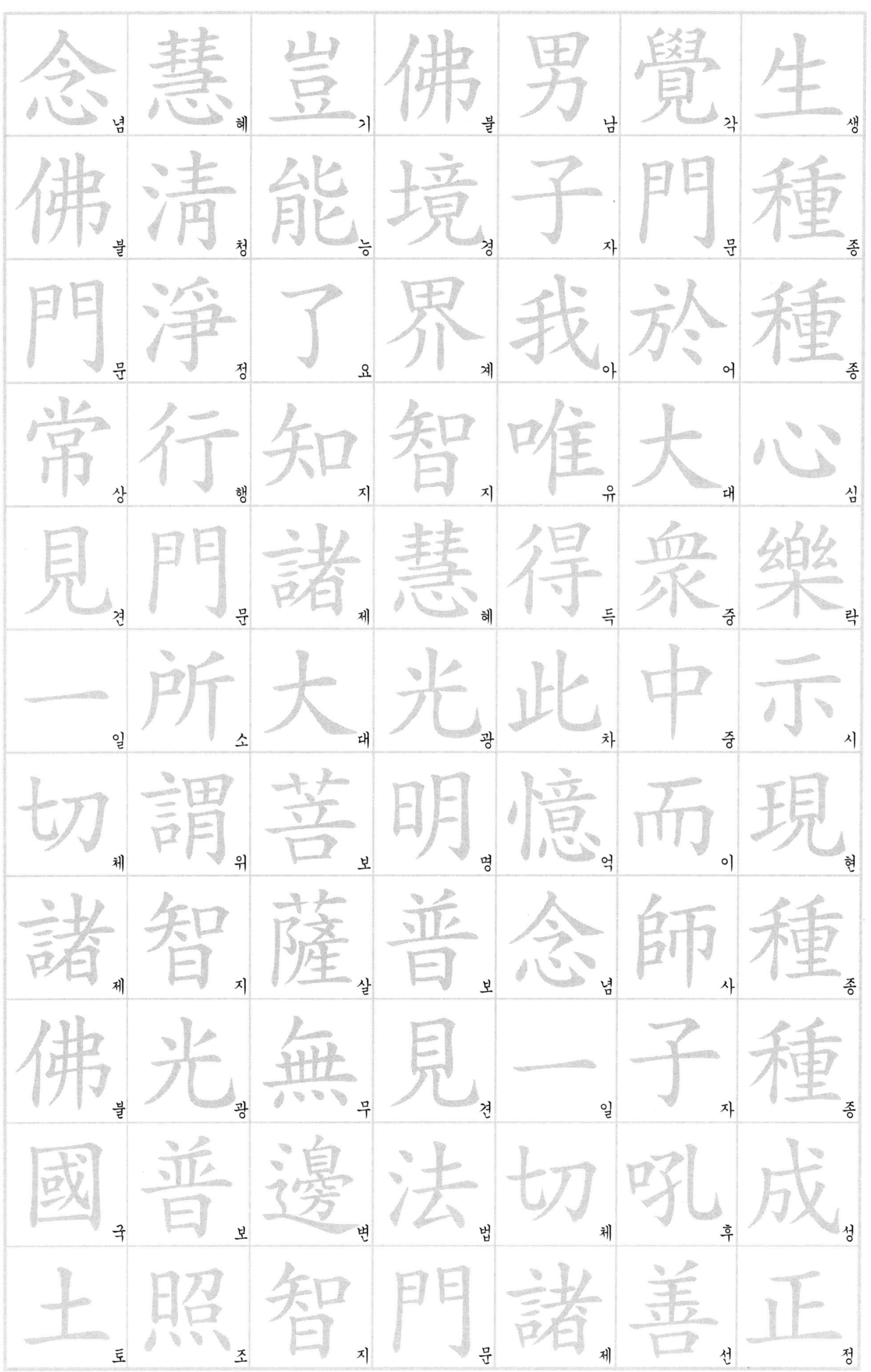

사경의 공덕은 십만억 부처님께 공양한 것과 같은 공덕이 있습니다.

種種宮殿悉嚴淨故令一切衆生念佛門隨諸衆生心之所樂皆令見佛得淸淨故令安住力念佛門令入如來十力中故令安住法念佛門見無量佛聽聞法故照耀諸方念佛門悉見一切諸世界中

等(등)無(무)差(차)別(별)諸(제)佛(불)海(해)故(고)入(입)不(불)可(가)

見(견)處(처)念(념)佛(불)門(문)悉(실)見(견)一(일)切(체)微(미)細(세)

境(경)中(중)諸(제)佛(불)自(자)在(재)神(신)通(통)事(사)故(고)住(주)

於(어)諸(제)劫(겁)念(념)佛(불)門(문)一(일)切(체)劫(겁)中(중)常(상)

見(견)如(여)來(래)諸(제)所(소)施(시)爲(위)無(무)暫(잠)捨(사)故(고)

住(주)一(일)切(체)時(시)念(념)佛(불)門(문)於(어)一(일)切(체)時(시)

常(상)見(견)如(여)來(래)親(친)近(근)同(동)住(주)不(불)捨(사)離(리)

故住一切刹念佛門一切國
土咸見佛身超過一切無與
等故住一切世念佛門隨於
自心之所欲樂普見三世諸
如來故住一切境念佛門普
於一切諸境界中見諸如來
次第現故住寂滅念佛門於

一念中見一切刹一切諸佛示涅槃故住遠離念佛門於一念中見一切佛從其所住而出去故住廣大念佛門心常觀察一一佛身充遍一切諸法界故住微細念佛門於一毛端有不可說如來出現

悉至其所而承事故住莊嚴
念佛門於一念中見一切剎
皆有諸佛成等正覺現神變
故住能事念佛門見一切佛
出現世間放智慧光轉法輪
故住自在心念佛門知隨自
心所有欲樂一切諸佛現其

像故住自業念佛門知隨衆
상고주자업념불문비수중

生所積集業現其影像令覺
생소적집업현기영상령각

悟故住神變念佛門見佛所
오고주신변념불문견불소

坐廣大蓮華周徧法界而開
좌광대연화주변법계이개

敷故住虛空念佛門觀察如
부고주허공념불문관찰여

來所有身雲莊嚴法界虛空
래소유신운장엄법계허공

界故而我云何能知能說彼
계고이아운하능지능설피

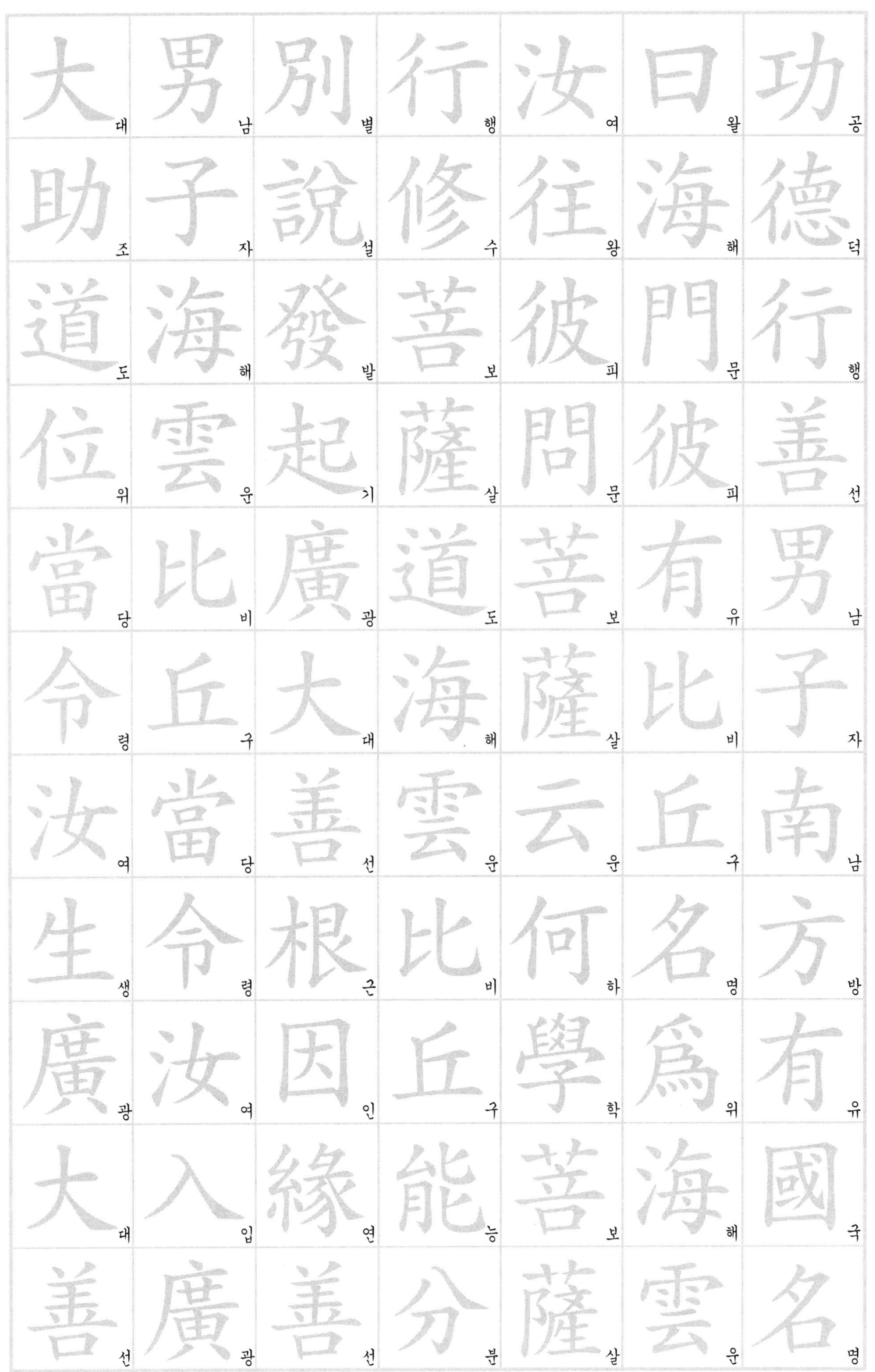

功德行善男子南方有國名
공덕행선남자남방유국명

曰海門彼有比丘名爲海雲
왈해문피유비구명위해운

汝往彼菩薩問云何學菩薩
여왕피보살문운하학보살

行修菩薩道海雲比丘能分
행수보살도해운비구능분

別說發起廣大善根因緣善
별설발기광대선근인연선

男子海雲比丘當令汝入廣
남자해운비구당령여입광

大助道位當令汝生廣大善
대조도위당령여생광대선

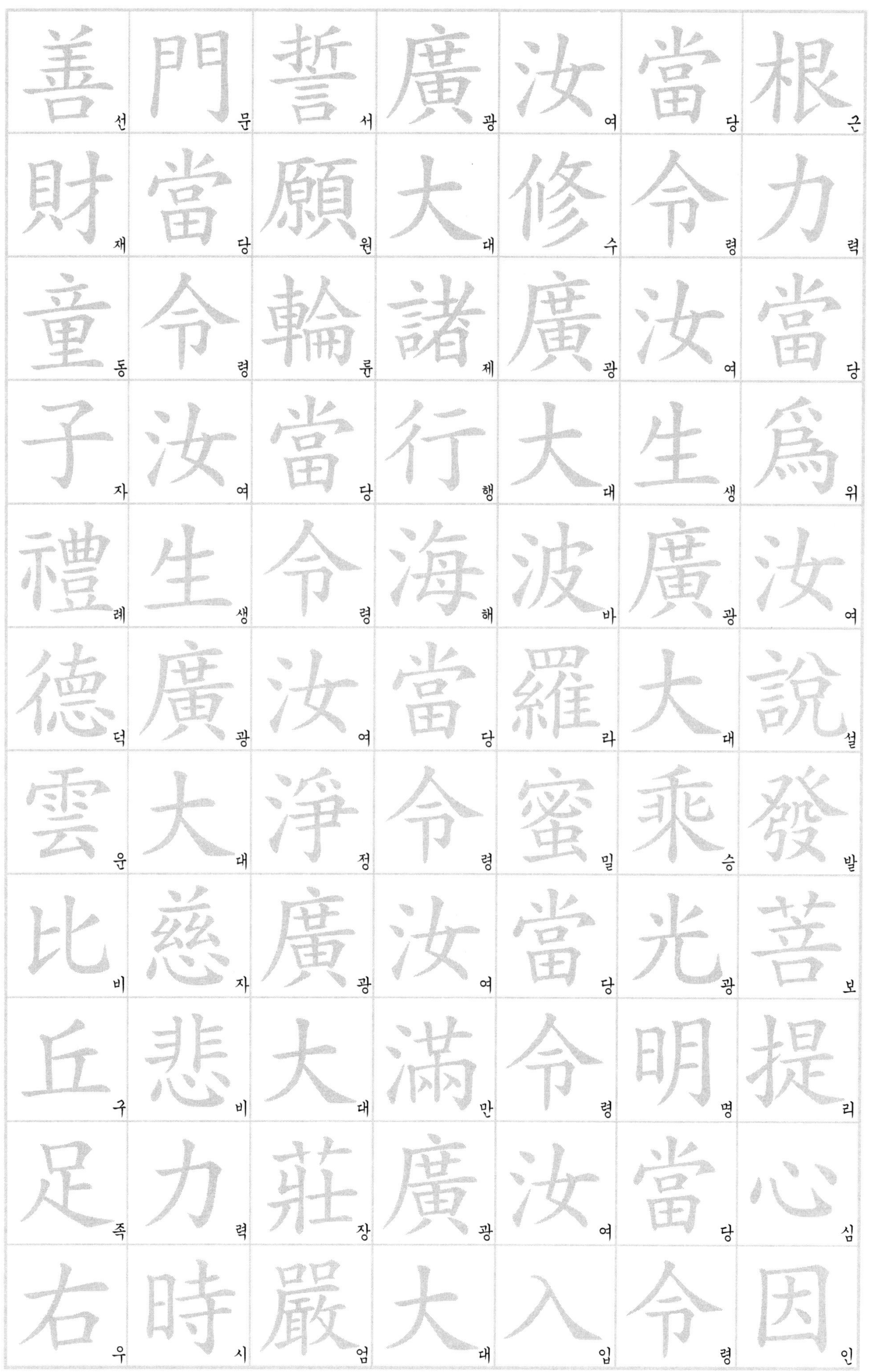
根力當爲汝說發菩提心因
근력당위여설발보리심인
當令汝生廣大乘光明當令
당령여생광대승광명당령
汝修廣大波羅蜜當令汝入
여수광대바라밀당령여입
廣大諸行海當令汝滿廣大
광대제행해당령여만광대
誓願輪當令汝淨廣大莊嚴
서원륜당령여정광대장엄
門當令汝生廣大慈悲力時
문당령여생광대자비력시
善財童子禮德雲比丘足右
선재동자례덕운비구족우

사경의 공덕은 십만억 부처님께 공양한 것과 같은 공덕이 있습니다.

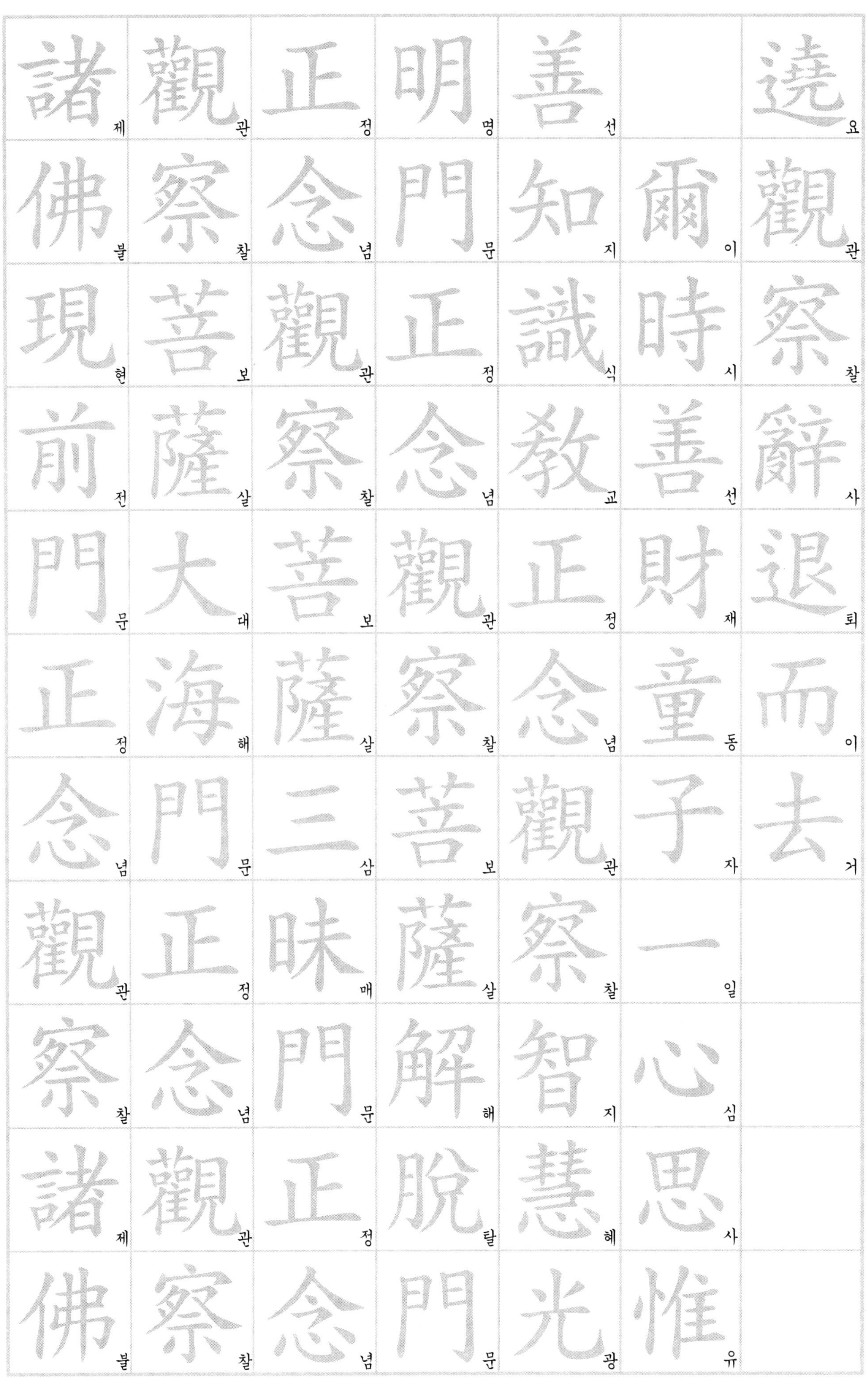
遶觀察辭退而去
爾時善財童子一心思惟
善知識教正念觀察智慧光
明門正念觀察菩薩解脫門
正念觀察菩薩三昧門正念
觀察菩薩大海門正念觀察
諸佛現前門正念觀察諸佛
요관찰사퇴이거
이시선재동자일심사유
선지식교정념관찰지혜광
명문정념관찰보살해탈문
정념관찰보살삼매문정념
관찰보살대해문정념관찰
제불현전문정념관찰제불

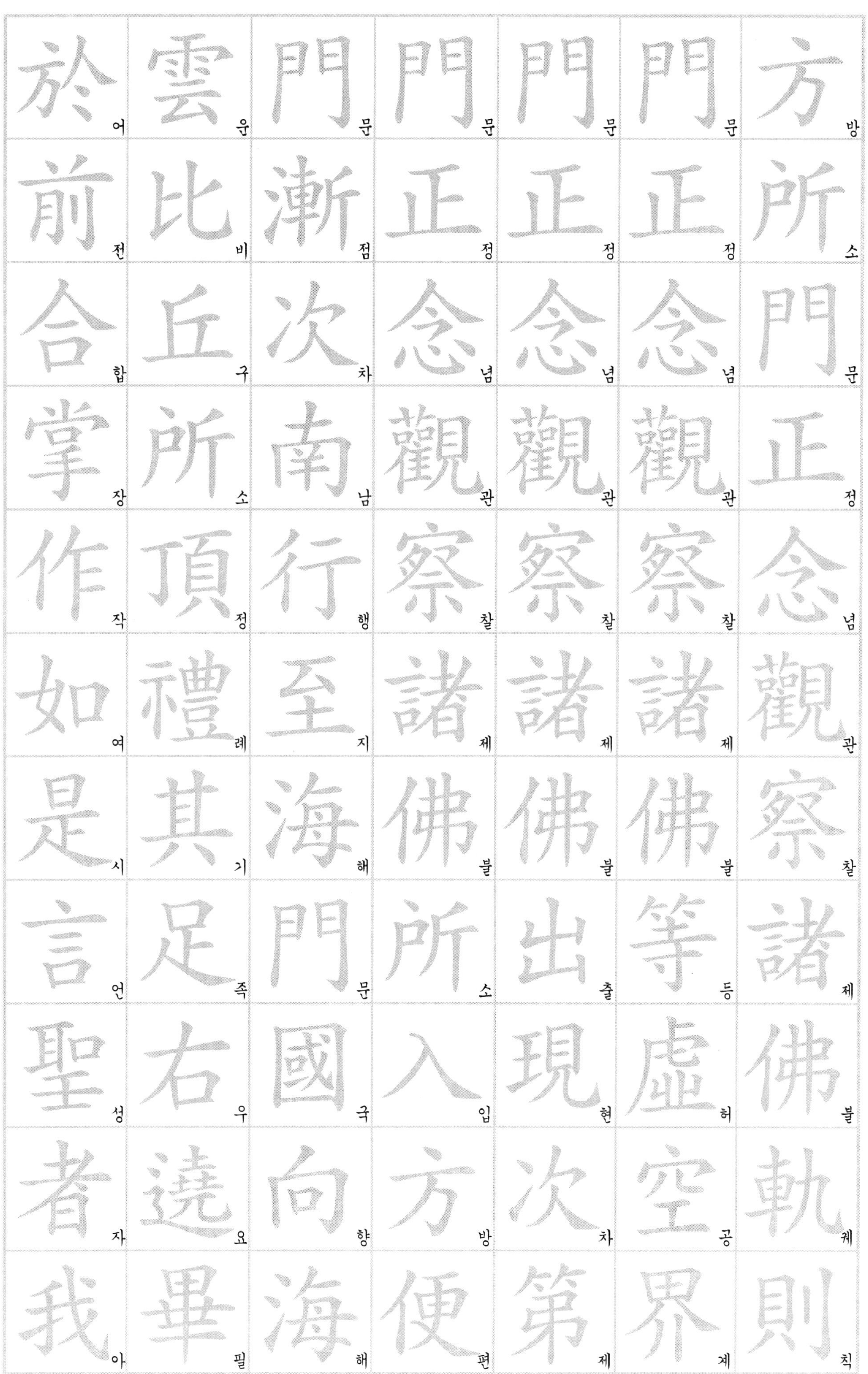
方所門正念觀察諸佛軌則
방소문정념관찰제불궤칙
門正念觀察諸佛等虛空界
문정념관찰제불등허공계
門正念觀察諸佛出現次第
문정념관찰제불출현차제
門正念觀察諸佛所入方便
문정념관찰제불소입방편
門漸次南行至海門國向海
문점차남행지해문국향해
雲比丘所頂禮其足右遶畢
운비구소정례기족우요필
於前合掌作如是言聖者我
어전합장작여시언성자아

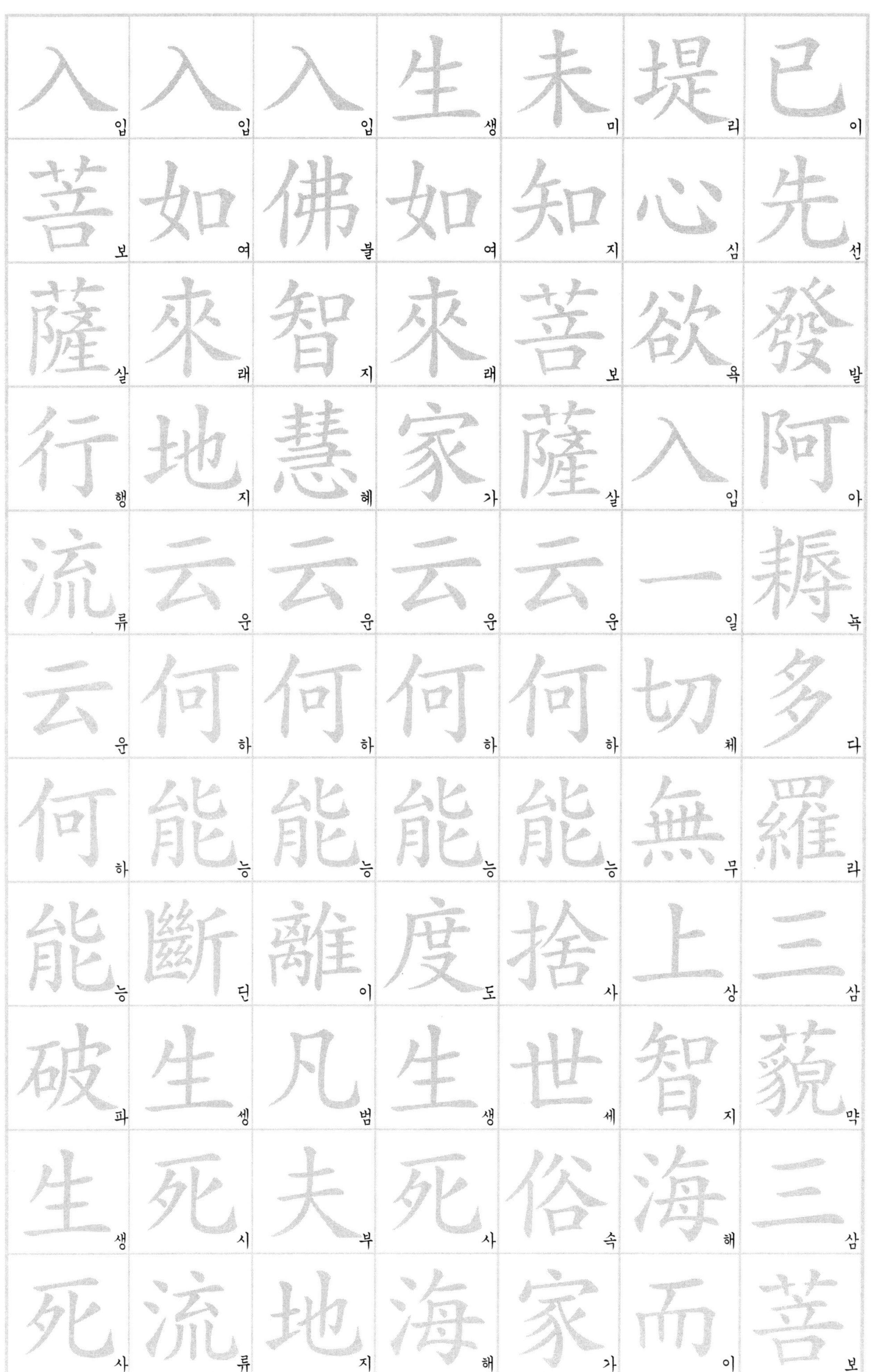
已先發阿耨多羅三藐三菩
提心欲入一切無上智海而
未知菩薩云何能捨世俗家
生如來家云何能度生死海
入佛智慧云何能離凡夫地
入如來地云何能斷生死流
入菩薩行流云何能破生死

사경의 공덕은 십만억 부처님께 공양한 것과 같은 공덕이 있습니다.

輪(륜)成(성)菩(보)薩(살)願(원)輪(륜)云(운)何(하)能(능)滅(멸)魔(마)
境(경)界(계)顯(현)佛(불)境(경)界(계)云(운)何(하)能(능)竭(갈)愛(애)
欲(욕)海(해)長(장)大(대)悲(비)海(해)云(운)何(하)能(능)閉(폐)衆(중)
難(난)惡(악)趣(취)門(문)開(개)諸(제)大(대)涅(열)槃(반)云(운)何(하)
能(능)出(출)三(삼)界(계)城(성)入(입)一(일)切(체)智(지)城(성)云(운)
何(하)能(능)棄(기)捨(사)一(일)切(체)玩(완)好(호)之(지)物(물)悉(실)
以(이)饒(요)益(익)一(일)切(체)衆(중)生(생)時(시)海(해)雲(운)比(비)

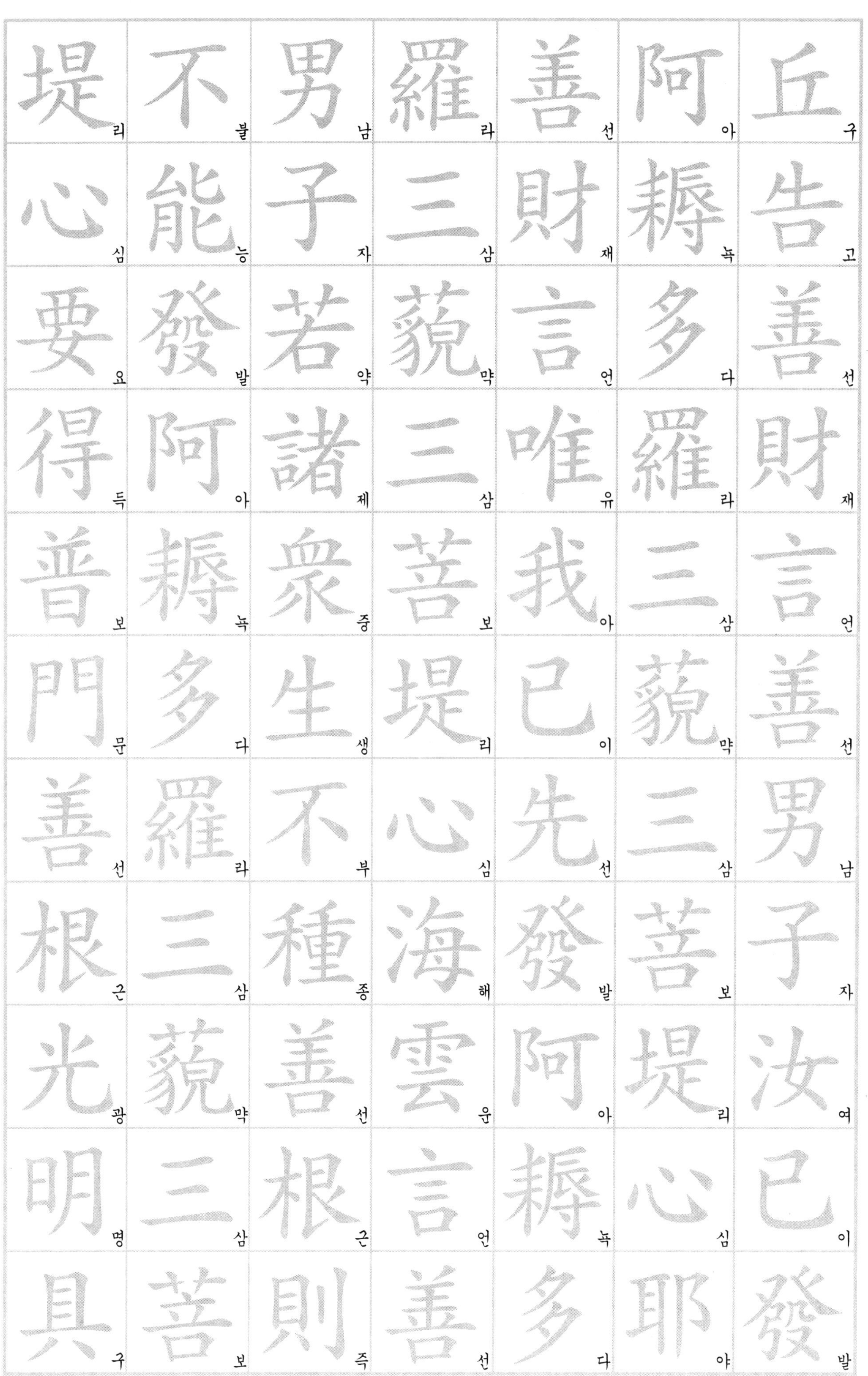
丘告善財言善男子汝已發
구고선재언선남자여이발
阿耨多羅三藐三菩提心耶
아뇩다라삼먁삼보리심야
善財言唯我已先發阿耨多
선재언유아이선발아뇩다
羅三藐三菩提心海雲言善
라삼먁삼보리심해운언선
男子若諸衆生不種善根則
남자약제중생부종선근즉
不能發阿耨多羅三藐三菩
불능발아뇩다라삼먁삼보
提心要得普門善根光明具
리심요득보문선근광명구

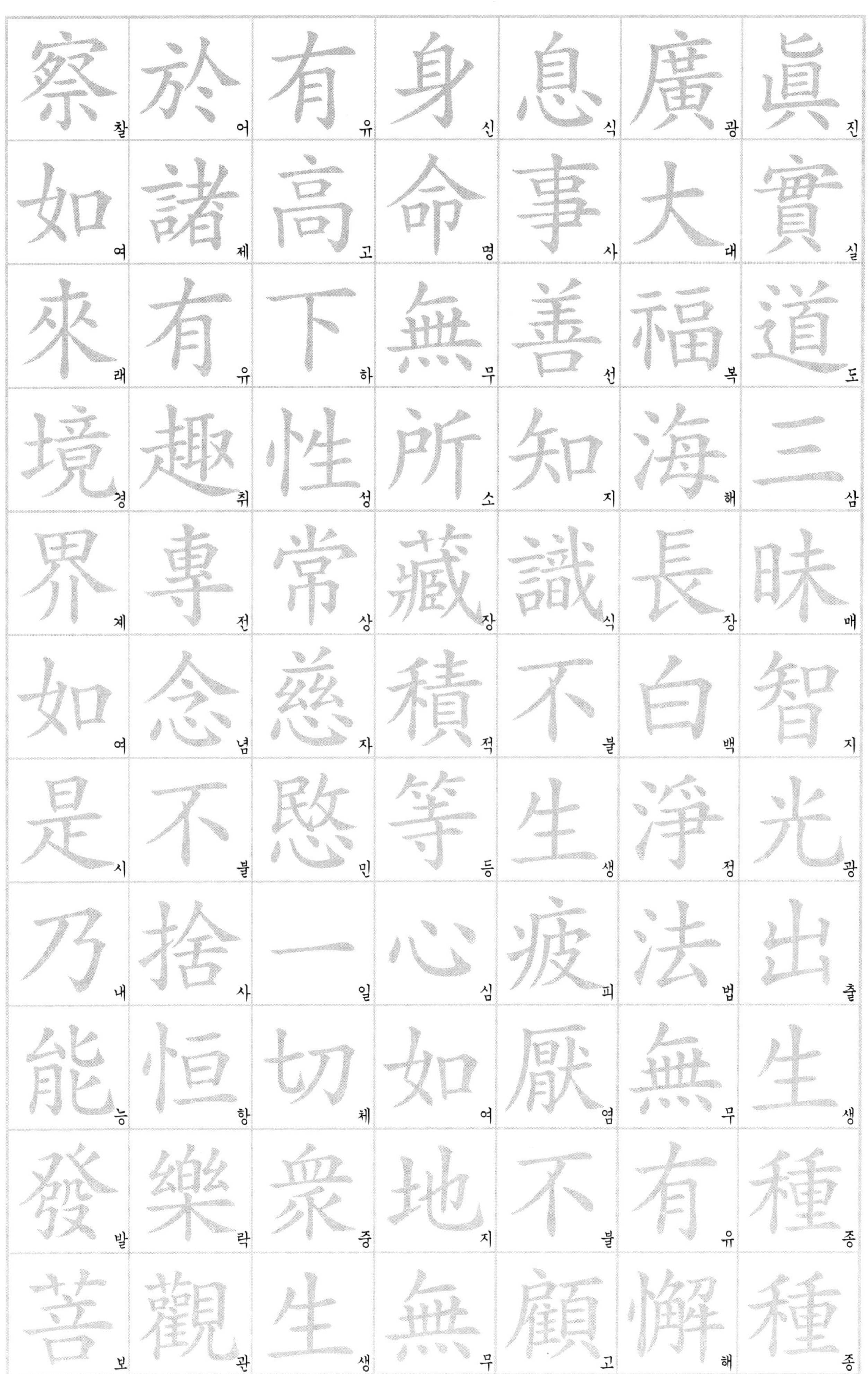

사경의 공덕은 십만억 부처님께 공양한 것과 같은 공덕이 있습니다.

사경의 공덕은 십만억 부처님께 공양한 것과 같은 공덕이 있습니다.

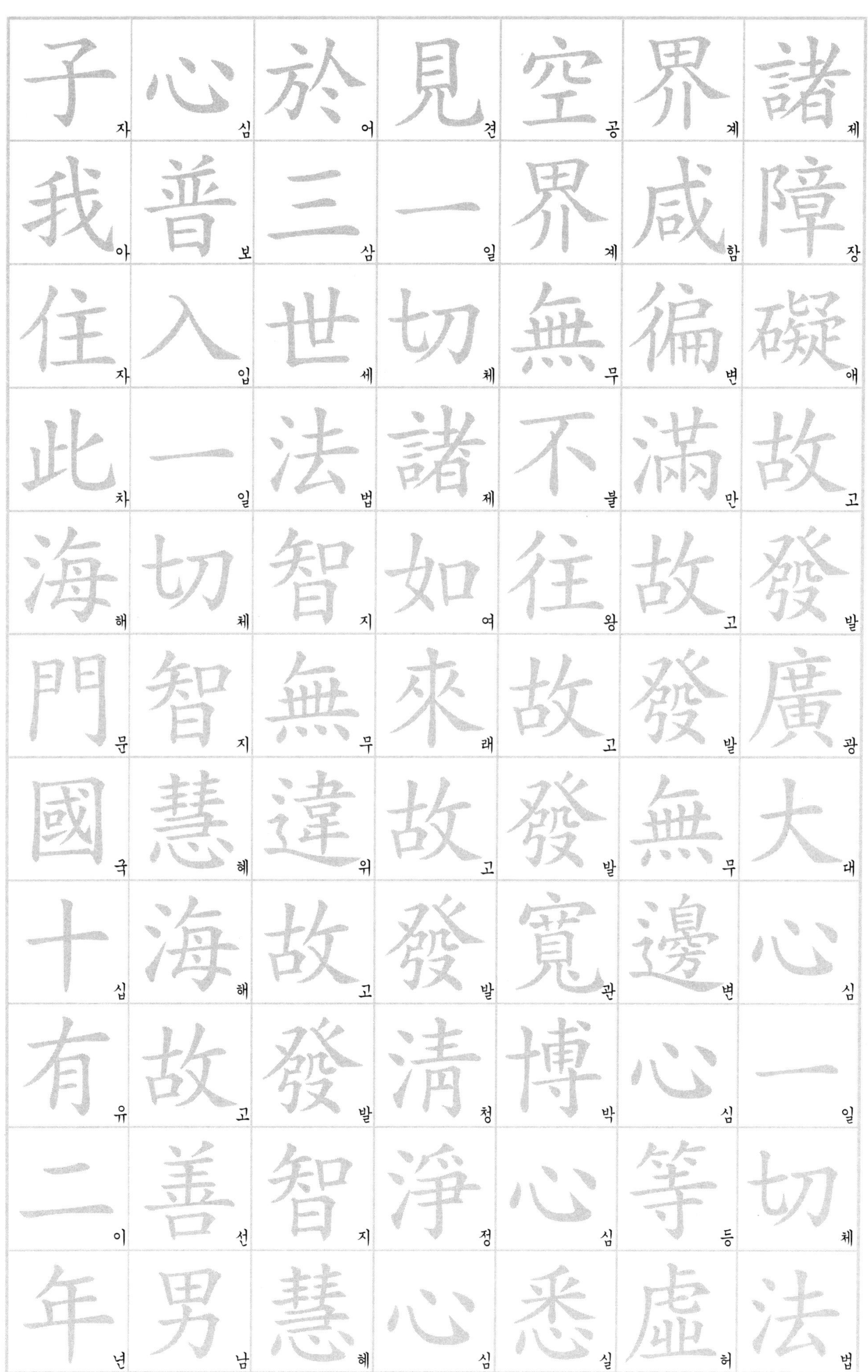

사경의 공덕은 십만억 부처님께 공양한 것과 같은 공덕이 있습니다.

思 사	惟 유	莊 장	廣 광	甚 심	惟 유	常 상
惟 유	大 대	嚴 엄	思 사	深 심	大 대	以 이
大 대	海 해	思 사	惟 유	難 난	海 해	大 대
海 해	水 수	惟 유	大 대	測 측	廣 광	海 해
無 무	色 색	大 대	海 해	思 사	大 대	爲 위
量 량	不 부	海 해	無 무	惟 유	無 무	其 기
衆 중	同 동	積 적	量 량	大 대	量 량	境 경
生 생	不 불	無 무	衆 중	海 해	思 사	界 계
之 지	可 가	量 량	寶 보	漸 점	惟 유	所 소
所 소	思 사	水 수	奇 기	次 차	大 대	謂 위
住 주	議 의	思 사	妙 묘	深 심	海 해	思 사

사경의 공덕은 십만억 부처님께 공양한 것과 같은 공덕이 있습니다.

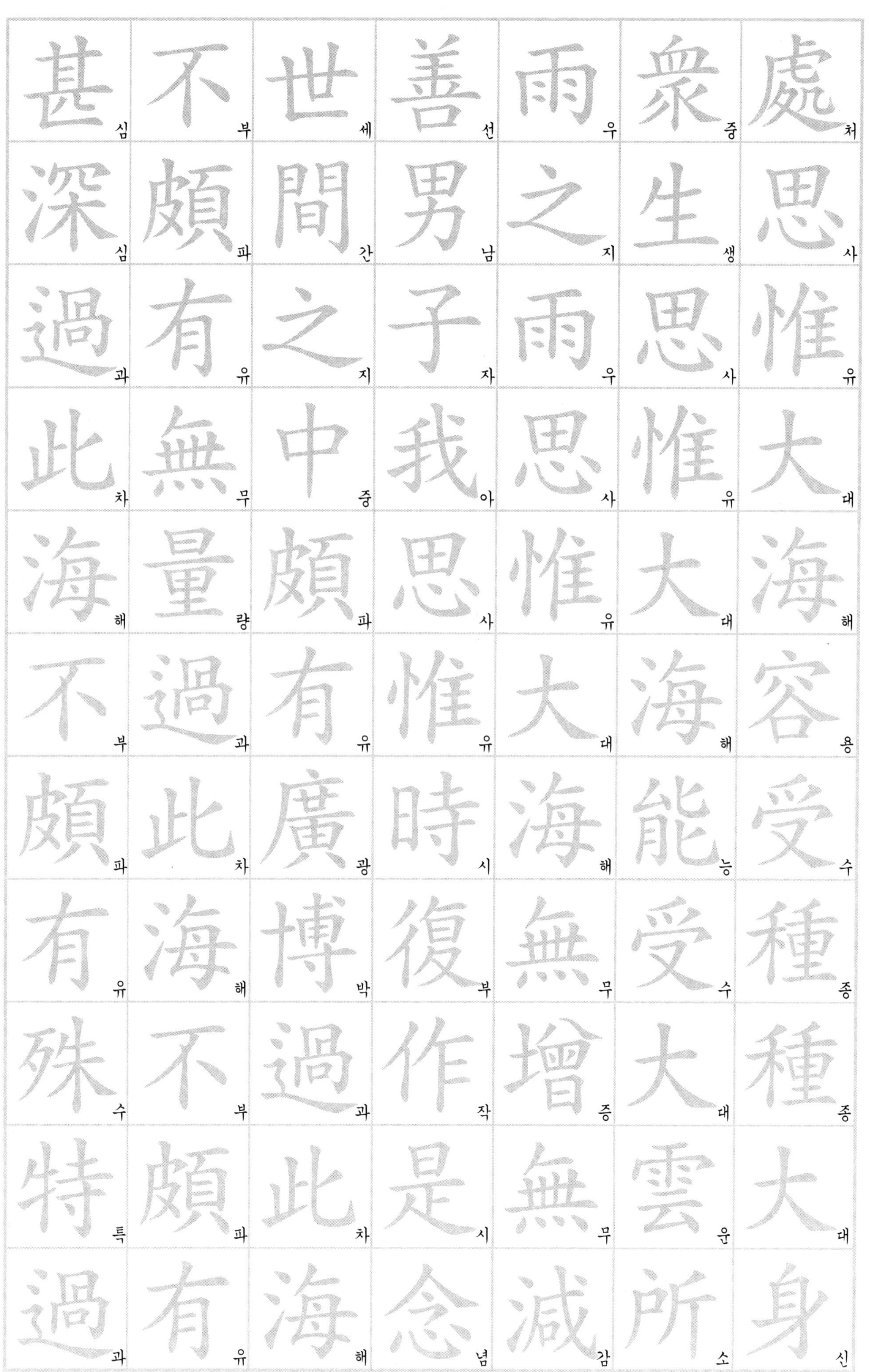

사경의 공덕은 십만억 부처님께 공양한 것과 같은 공덕이 있습니다.

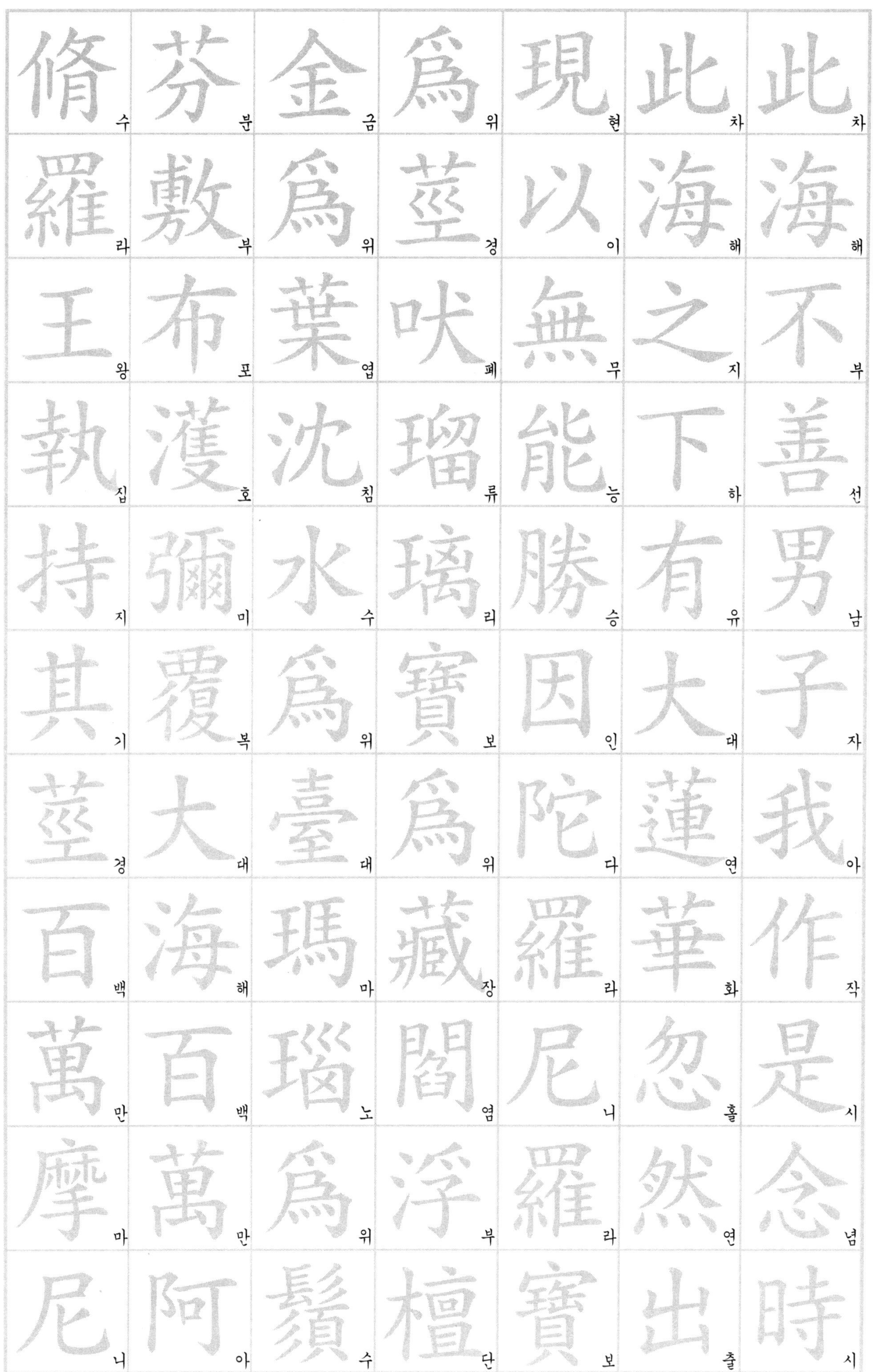

此(차)海(해)不(부)善(선)男(남)子(자)我(아)作(작)是(시)念(념)時(시)
此(차)海(해)之(지)下(하)有(유)大(대)蓮(연)華(화)忽(홀)然(연)出(출)
現(현)以(이)無(무)能(능)勝(승)因(인)陀(다)羅(라)尼(니)羅(라)寶(보)
爲(위)莖(경)吠(폐)瑠(류)璃(리)寶(보)爲(위)藏(장)閻(염)浮(부)檀(단)
金(금)爲(위)葉(엽)沈(침)水(수)爲(위)臺(대)瑪(마)瑙(노)爲(위)鬚(수)
芬(분)敷(부)布(포)濩(호)彌(미)覆(복)大(대)海(해)百(백)萬(만)阿(아)
脩(수)羅(라)王(왕)執(집)持(지)其(기)莖(경)百(백)萬(만)摩(마)尼(니)

寶(보)莊(장)嚴(엄)網(망)彌(미)覆(부)其(기)上(상)百(백)萬(만)龍(용)

王(왕)雨(우)以(이)香(향)水(수)百(백)萬(만)迦(가)樓(루)羅(라)王(왕)

御(어)諸(제)瓔(영)珞(락)及(급)寶(보)繒(증)帶(대)周(주)匝(잡)垂(수)

下(하)百(백)萬(만)羅(라)刹(찰)王(왕)慈(자)心(심)觀(관)察(찰)百(백)

萬(만)夜(야)叉(차)王(왕)恭(공)敬(경)禮(예)拜(배)百(백)萬(만)乾(건)

闥(달)婆(바)王(왕)種(종)種(종)音(음)樂(악)讚(찬)歎(탄)供(공)養(양)

百(백)萬(만)天(천)王(왕)雨(우)諸(제)天(천)華(화)天(천)鬘(만)天(천)

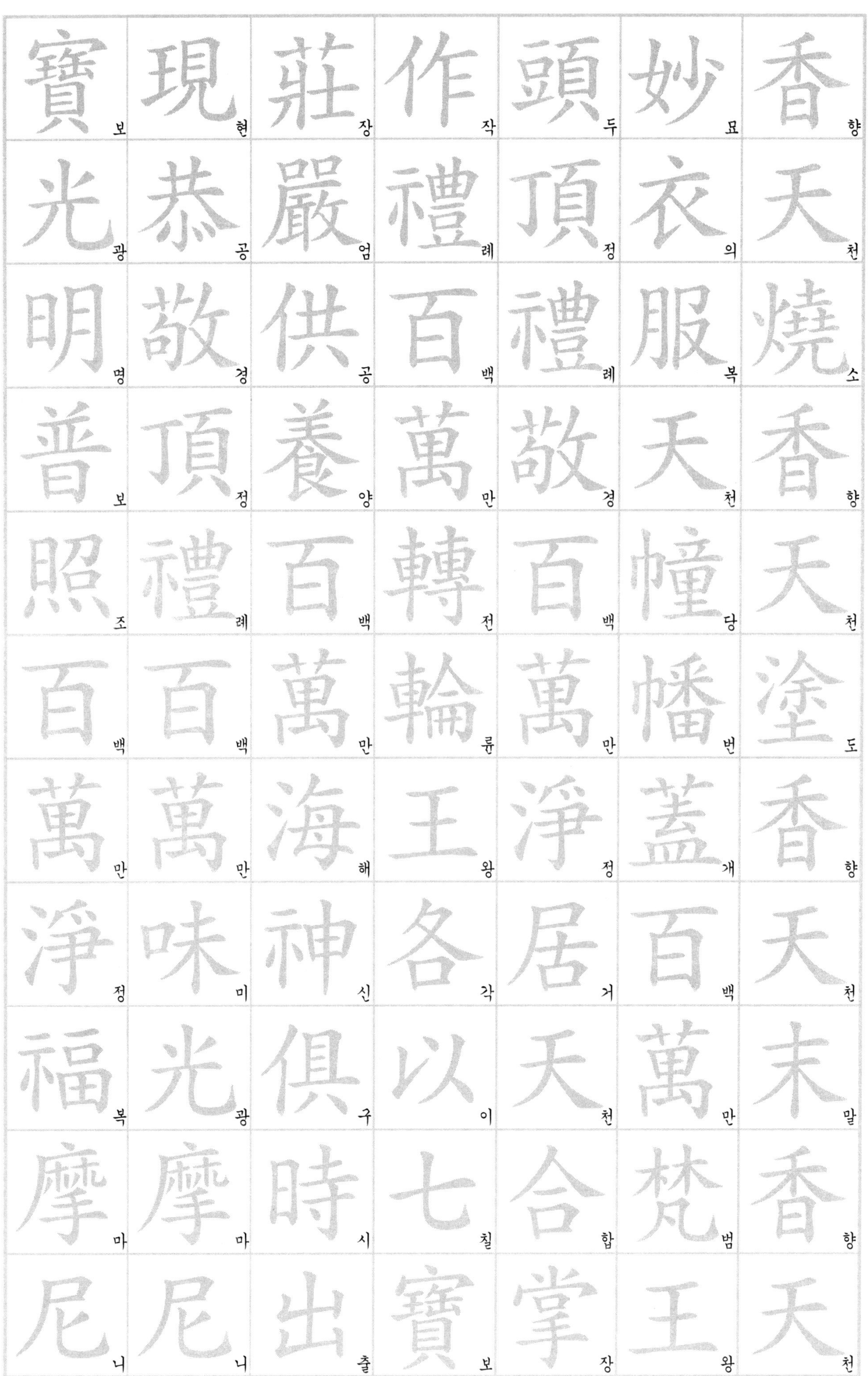

사경의 공덕은 십만억 부처님께 공양한 것과 같은 공덕이 있습니다.

寶以爲莊嚴百萬普光摩尼
보이위장엄백만보광마니
寶爲淸淨藏百萬殊勝摩尼
보위청정장백만수승마니
寶其光赫奕百萬妙藏摩尼
보기광혁혁백만묘장마니
寶光照無邊百萬閻浮幢摩尼
보광조무변백만염부당마니
尼寶次第行列百萬金剛師
니보차제항렬백만금강사
子摩尼寶不可破壞淸淨莊
자마니보불가파괴청정장
嚴百萬日藏摩尼寶廣大淸
엄백만일장마니보광대청

사경의 공덕은 십만억 부처님께 공양한 것과 같은 공덕이 있습니다.

淨(정)百(백)萬(만)可(가)樂(락)摩(마)尼(니)寶(보)具(구)種(종)種(종)

色(색)百(백)萬(만)如(여)意(의)摩(마)尼(니)寶(보)莊(장)嚴(엄)無(무)

盡(진)光(광)明(명)照(조)耀(요)

此(차)大(대)蓮(연)華(화)如(여)來(래)出(출)世(세)善(선)根(근)

所(소)起(기)一(일)切(체)菩(보)薩(살)皆(개)生(생)信(신)樂(락)十(시)

方(방)世(세)界(계)無(무)不(불)現(현)前(전)從(종)如(여)幻(환)法(법)

生(생)如(여)夢(몽)法(법)生(생)清(청)淨(정)業(업)生(생)無(무)諍(쟁)

法門之所莊嚴入無爲印住
법문지소장엄입무위인주

無礙門充滿十方一切國土
무애문충만시방일체국토

隨順諸佛甚深境界於無數
수순제불심심경계어무수

百千劫歎其功德不可得盡
백천겁탄기공덕불가득진

我時見彼蓮華之上有一如
아시견피연화지상유일여

來結跏趺坐其身從此上至
래결가부좌기신종차상지

有頂寶蓮華座不可思議道
유정보연화좌불가사의도

사경의 공덕은 십만억 부처님께 공양한 것과 같은 공덕이 있습니다.

聲 성	善 선	可 가	清 청	議 의	不 불	場 량
不 불	巧 교	思 사	淨 정	神 신	可 가	衆 중
可 가	言 언	議 의	不 불	通 통	思 사	會 회
思 사	說 설	廣 광	可 가	變 변	議 의	不 불
議 의	不 불	長 장	思 사	化 화	隨 수	可 가
無 무	可 가	舌 설	議 의	不 불	好 호	思 사
邊 변	思 사	相 상	無 무	可 가	圓 원	議 의
際 제	議 의	不 불	見 견	思 사	滿 만	諸 제
力 력	圓 원	可 가	頂 정	議 의	不 불	相 상
不 불	滿 만	思 사	相 상	色 색	可 가	成 성
可 가	音 음	議 의	不 불	相 상	思 사	就 취

思議清淨無畏不可思議廣
사의청정무외불가사의광
大辯才不可思議又念彼佛
대변재불가사의우념피불
往修諸行不可思議自在成
왕수제행불가사의자재성
道不可思議妙音演法不可
도불가사의묘음연법불가
思議普門示現種種莊嚴不
사의보문시현종종장엄불
可思議隨其左右見各差別
가사의수기좌우견각차별
不可思議一切利益皆令圓
불가사의일체이익개령원

滿不可思議時此如來卽申
만불가사의시차여래즉신

右手而摩我頂爲我演說普
우수이마아정위아연설보

眼法門開示一切如來境界
안법문개시일체여래경계

顯發一切菩薩諸行闡明一
현발일체보살제행천명일

切諸佛妙法一切法輪悉入
체제불묘법일체법륜실입

其中諸淨一切諸佛國土能
기중제정일체제불국토능

摧一切異道邪論能滅一切
최일체이도사론능멸일체

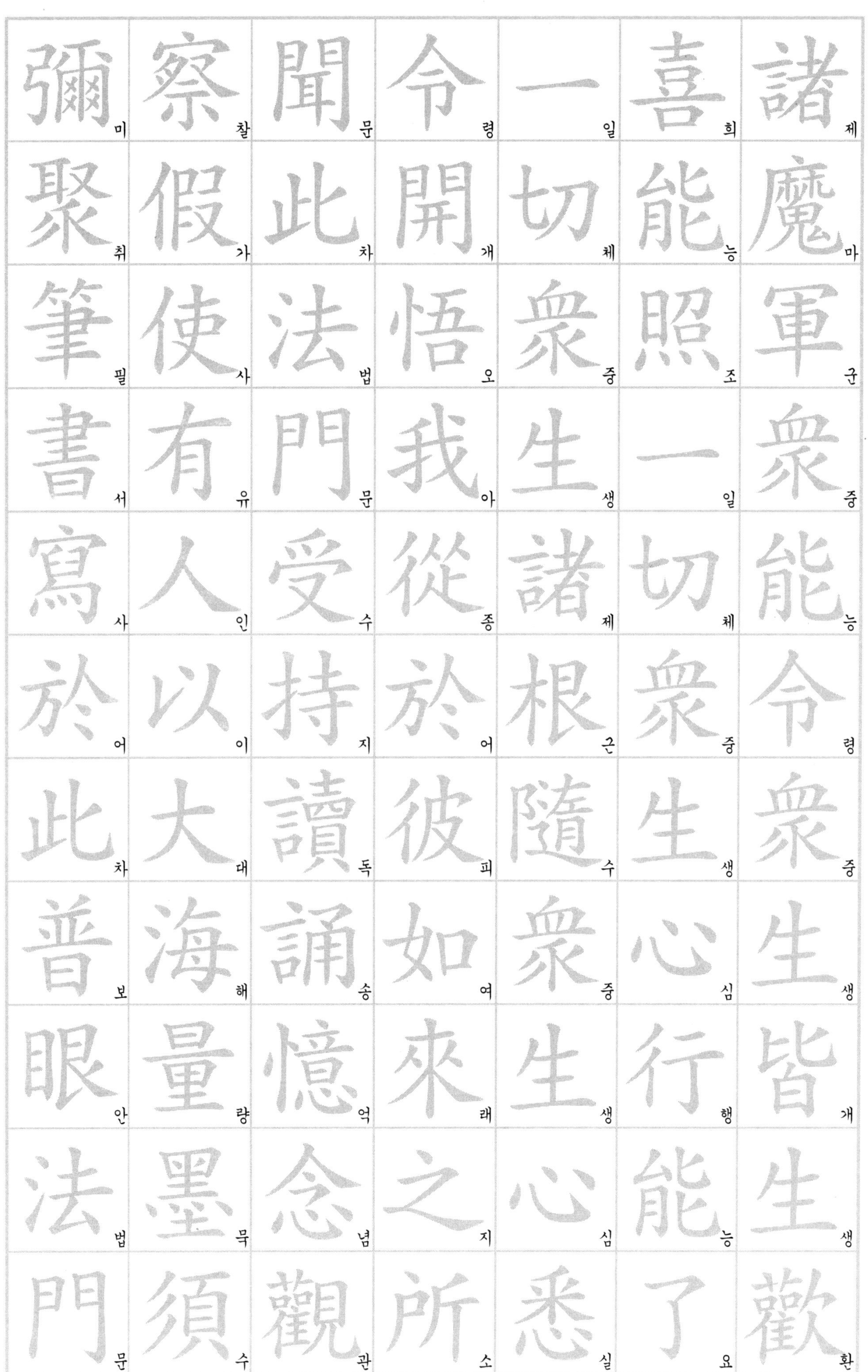
諸魔軍衆能令衆生皆生歡
喜能照一切衆生心行能了
一切衆生諸根隨衆生心悉
令開悟我從於彼如來之所
聞此法門受持讀誦憶念觀
察假使有人以大海量墨須
彌聚筆書寫於此普眼法門

一品中一門一門中一法一
일품중일문일문중일법일
法中一義一義中一句不得
법중일의일의중일구부득
少分何況能盡善男子我於
소분하황능진선남자아어
彼佛所千二百歲受持如是
피불소천이백세수지여시
普眼法門於日日中以聞持
보안법문어일일중이문지
陀羅尼光明領受無數品以
다라니광명영수무수품이
寂靜門陀羅尼光明趣入無
적정문다라니광명취입무

사경의 공덕은 십만억 부처님께 공양한 것과 같은 공덕이 있습니다.

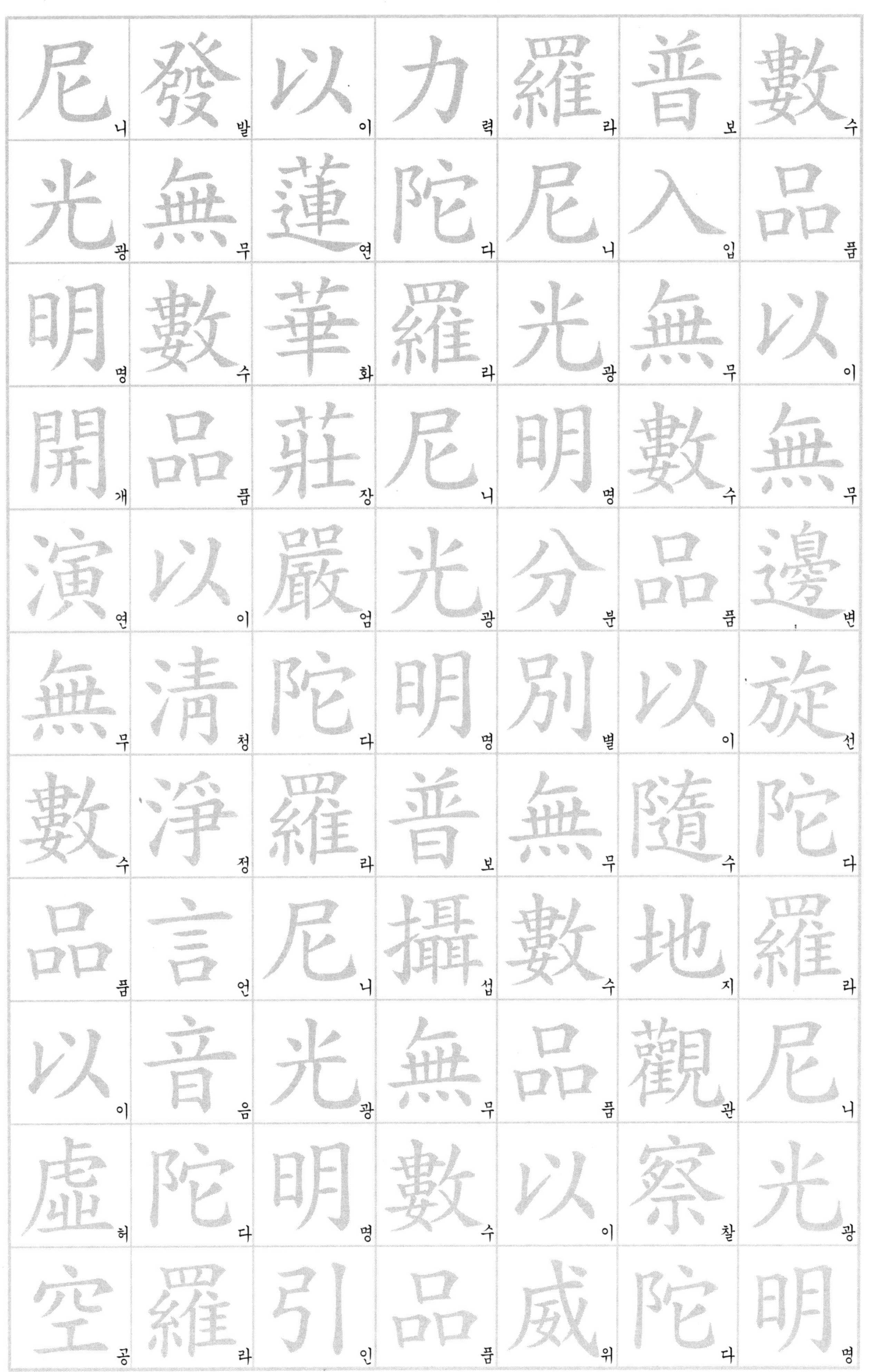
數品以無邊旋陀羅尼光明
수품이무변선다라니광명
普入無數品以隨地觀察陀
보입무수품이수지관찰다
羅尼光明分別無數品以威
라니광명분별무수품이위
力陀羅尼光明普攝無數品
력다라니광명보섭무수품
以蓮華莊嚴陀羅尼光明引
이연화장엄다라니광명인
發無數品以清淨言音陀羅
발무수품이청정언음다라
尼光明開演無數品以虛空
니광명개연무수품이허공

若 약	若 약	來 래	析 석	數 수	以 이	藏 장
乾 건	夜 야	若 약	無 무	品 품	光 광	陀 다
闥 달	叉 챵	天 천	數 수	以 이	聚 취	羅 라
婆 바	若 약	若 약	品 품	海 해	陀 다	尼 니
王 왕	夜 야	天 천	若 약	藏 장	羅 라	光 광
若 약	叉 차	王 왕	有 유	陀 다	尼 니	明 명
阿 아	王 왕	若 약	衆 중	羅 라	光 광	顯 현
脩 수	若 약	龍 용	生 생	尼 니	明 명	示 시
羅 라	乾 건	若 약	從 종	光 광	增 증	無 무
若 약	闥 달	龍 용	十 시	明 명	廣 광	數 수
阿 아	婆 바	王 왕	方 방	辯 변	無 무	品 품

脩(수)羅(라)王(왕)若(약)迦(가)樓(루)羅(라)若(약)迦(가)樓(루)羅(라)

王(왕)若(약)緊(긴)那(나)羅(라)若(약)緊(긴)那(나)羅(라)王(왕)若(약)

摩(마)睺(후)羅(라)伽(가)若(약)摩(마)睺(후)羅(라)伽(가)王(왕)若(약)

人(인)若(약)人(인)王(왕)若(약)梵(범)若(약)梵(범)王(왕)如(여)是(시)

一(일)切(체)來(내)至(지)我(아)所(소)我(아)悉(실)爲(위)其(기)開(개)

示(시)解(해)釋(석)稱(칭)揚(양)讚(찬)歎(탄)咸(함)令(령)愛(애)樂(락)

趣(취)入(입)安(안)住(주)此(차)諸(제)佛(불)菩(보)薩(살)行(행)光(광)

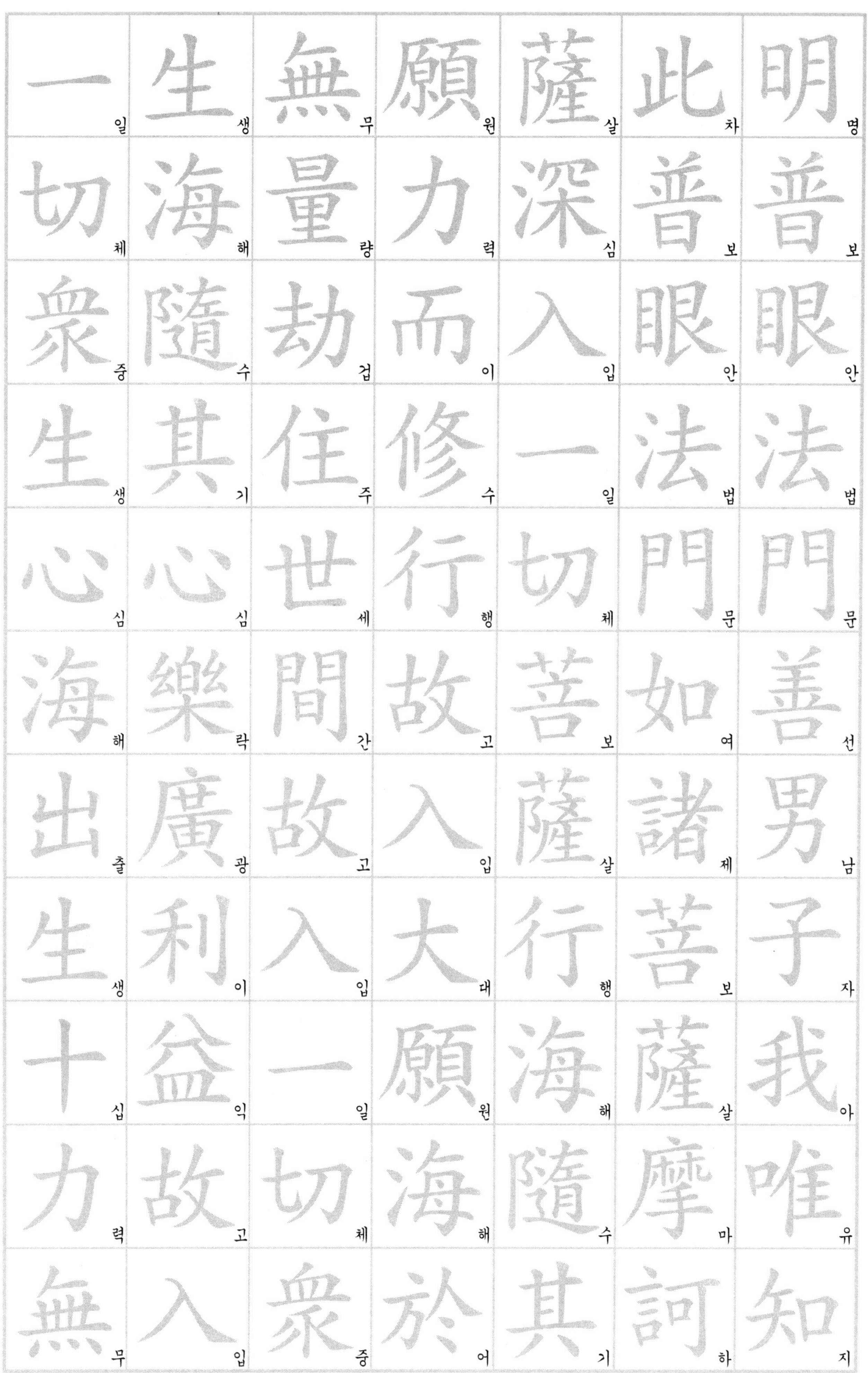

사경의 공덕은 십만억 부처님께 공양한 것과 같은 공덕이 있습니다.

礙智光故入一切衆生根海
애지광고입일체중생근해

應時教化悉令調伏故入一
응시교화실령조복고입일

切刹海成滿本願嚴淨佛刹
체찰해성만본원엄정불찰

故入一切佛海願常供養諸
고입일체불해원상공양제

如來故入一切法海能以智
여래고입일체법해능이지

慧咸悟入故入一切功德海
혜함오입고입일체공덕해

一一修行令具足故入一切
일일수행영구족고입일체

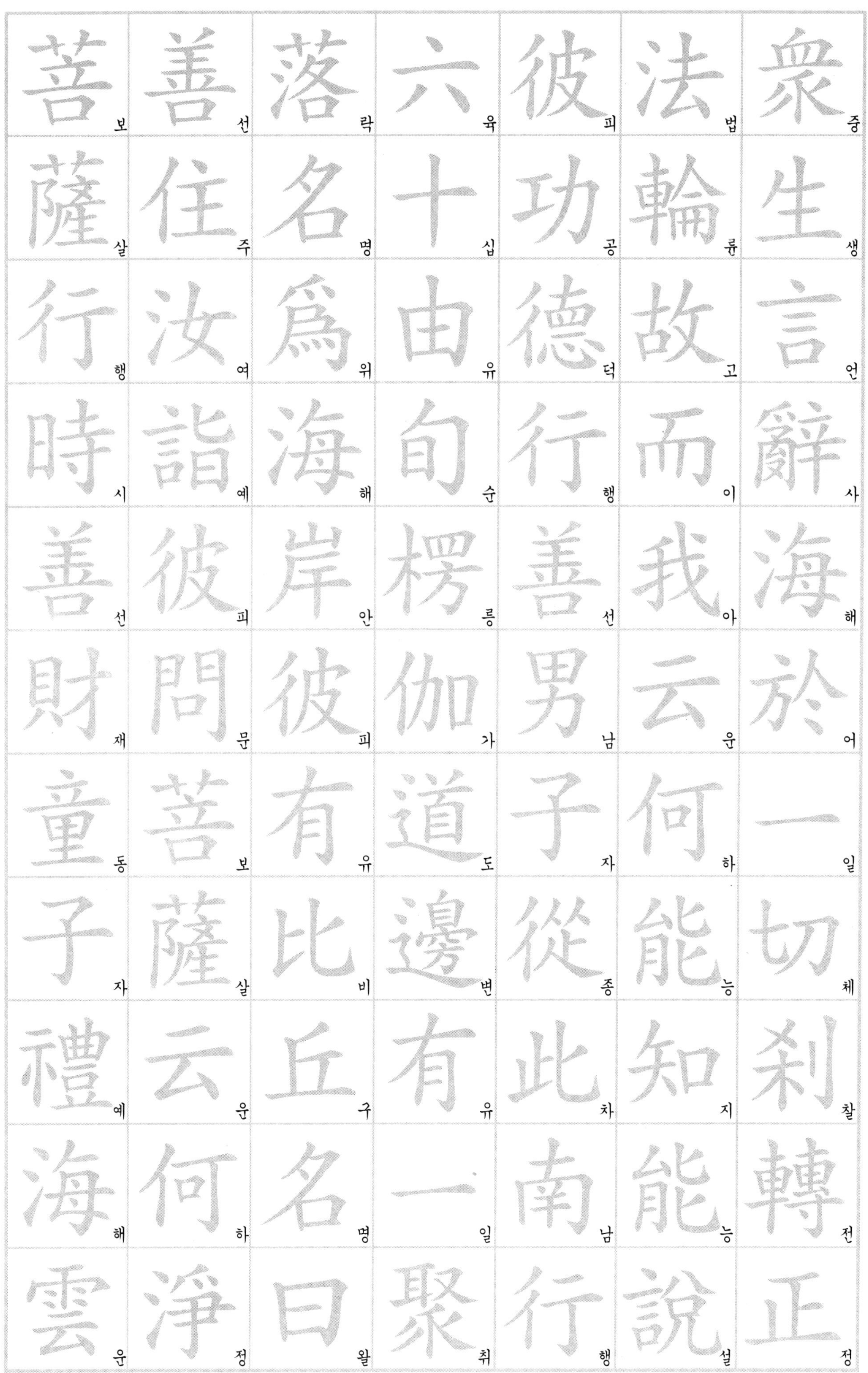
衆生言辭海於一切刹轉正
法輪故而我云何能知能說
彼功德行善男子從此南行
六十由旬楞伽道邊有一聚
落名爲海岸彼有比丘名曰
善住汝詣彼問菩薩云何淨
菩薩行時善財童子禮海雲

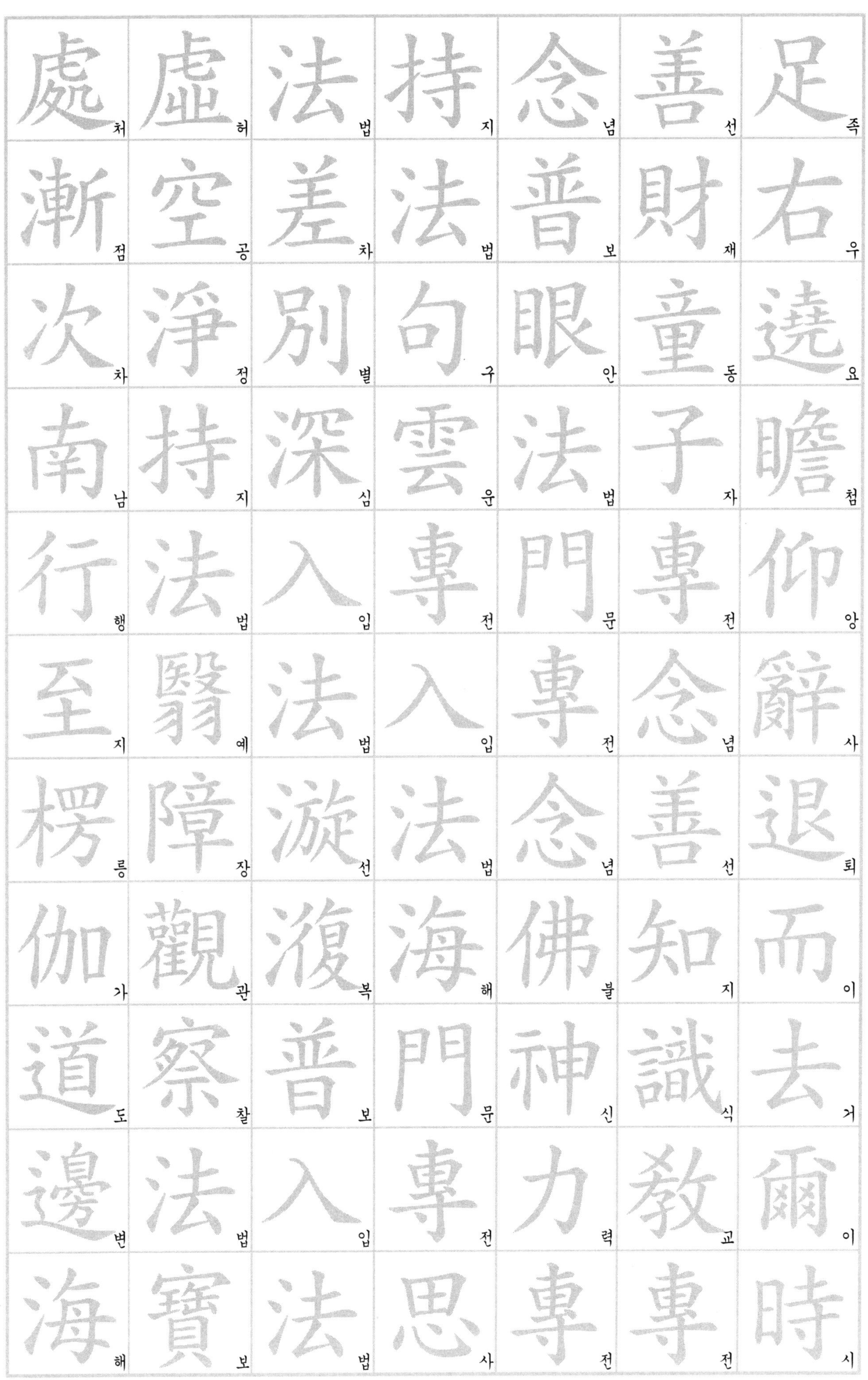

사경의 공덕은 십만억 부처님께 공양한 것과 같은 공덕이 있습니다.

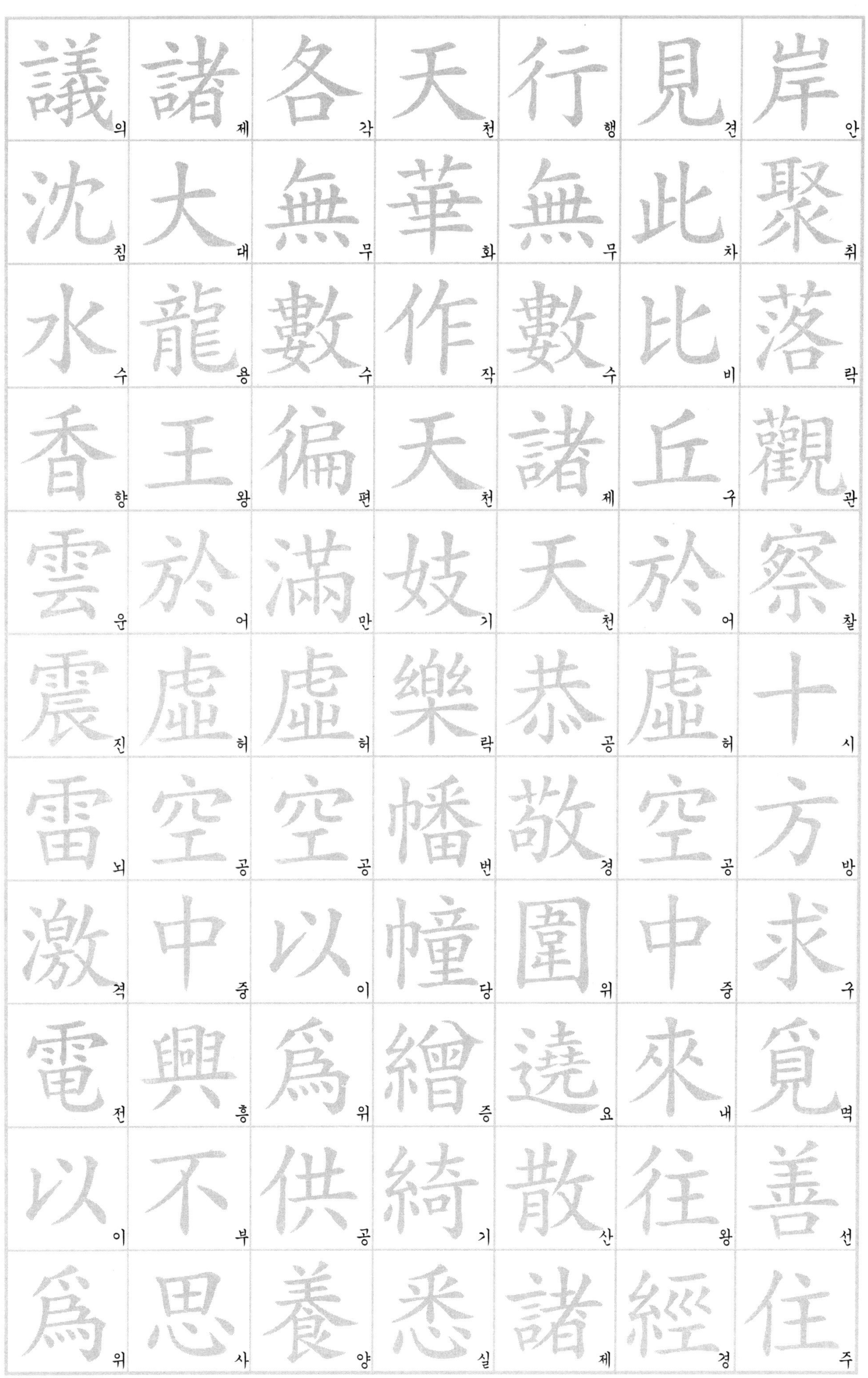

議 의	諸 제	各 각	天 천	行 행	見 견	岸 안
沈 침	大 대	無 무	華 화	無 무	此 차	聚 취
水 수	龍 용	數 수	作 작	數 수	比 비	落 락
香 향	王 왕	徧 편	天 천	諸 제	丘 구	觀 관
雲 운	於 어	滿 만	妓 기	天 천	於 어	察 찰
震 진	虛 허	虛 허	樂 락	恭 공	虛 허	十 시
雷 뇌	空 공	空 공	幡 번	敬 경	空 공	方 방
激 격	中 중	以 이	幢 당	圍 위	中 중	求 구
電 전	興 흥	爲 위	繒 증	遶 요	來 내	覓 멱
以 이	不 부	供 공	綺 기	散 산	往 왕	善 선
爲 위	思 사	養 양	悉 실	諸 제	經 경	住 주

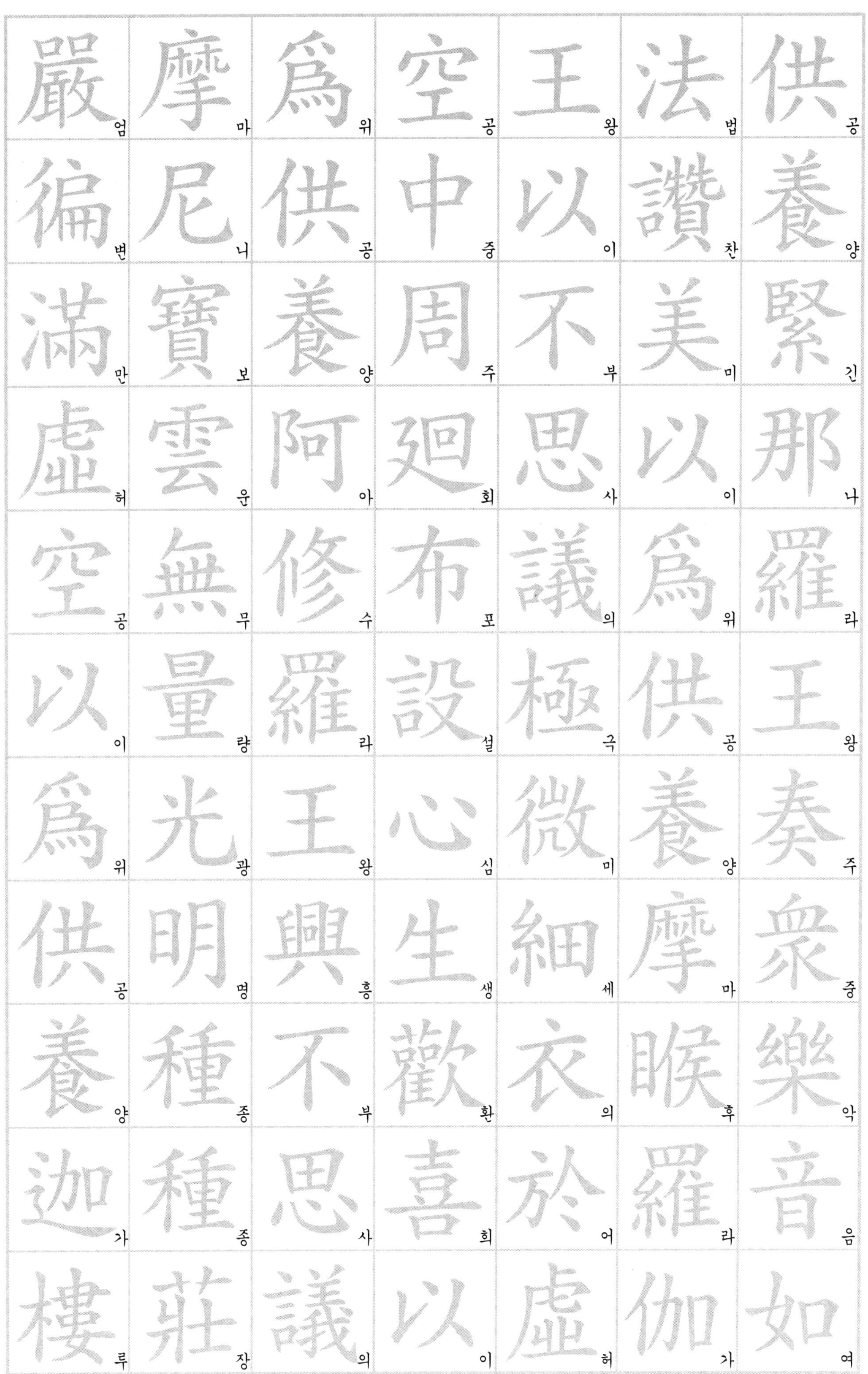
供養緊那羅王奏衆樂音如
공양긴나라왕주중악음여
法讚美以爲供養摩睺羅伽
법찬미이위공양마후라가
王以不思議極微細衣於虛
왕이부사의극미세의어허
空中周迴布設心生歡喜以
공중주회포설심생환희이
爲供養阿修羅王興不思議
위공양아수라왕흥부사의
摩尼寶雲無量光明種種莊
마니보운무량광명종종장
嚴徧滿虛空以爲供養迦樓
엄변만허공이위공양가루

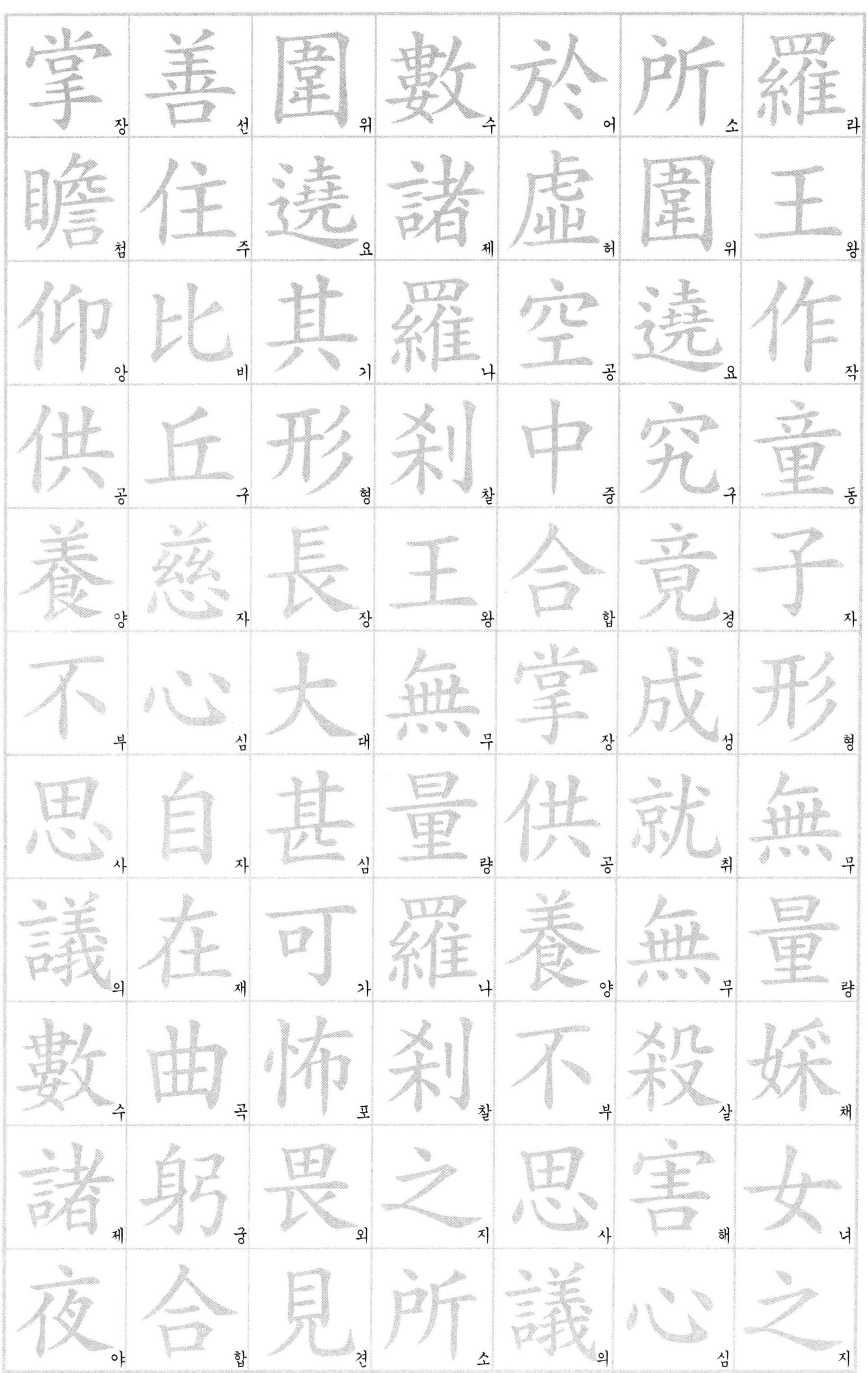
羅王作童子形無量婇女之
라왕작동자형무량채녀지
所圍遶究竟成就無殺害心
소위요구경성취무살해심
於虛空中合掌供養不思議
어허공중합장공양부사의
數諸羅刹王無量羅刹之所
수제나찰왕무량나찰지소
圍遶其形長大甚可怖畏見
위요기형장대심가포외견
善住比丘慈心自在曲躬合
선주비구자심자재곡궁합
掌瞻仰供養不思議數諸夜
장첨앙공양부사의수제야

사경의 공덕은 십만억 부처님께 공양한 것과 같은 공덕이 있습니다.

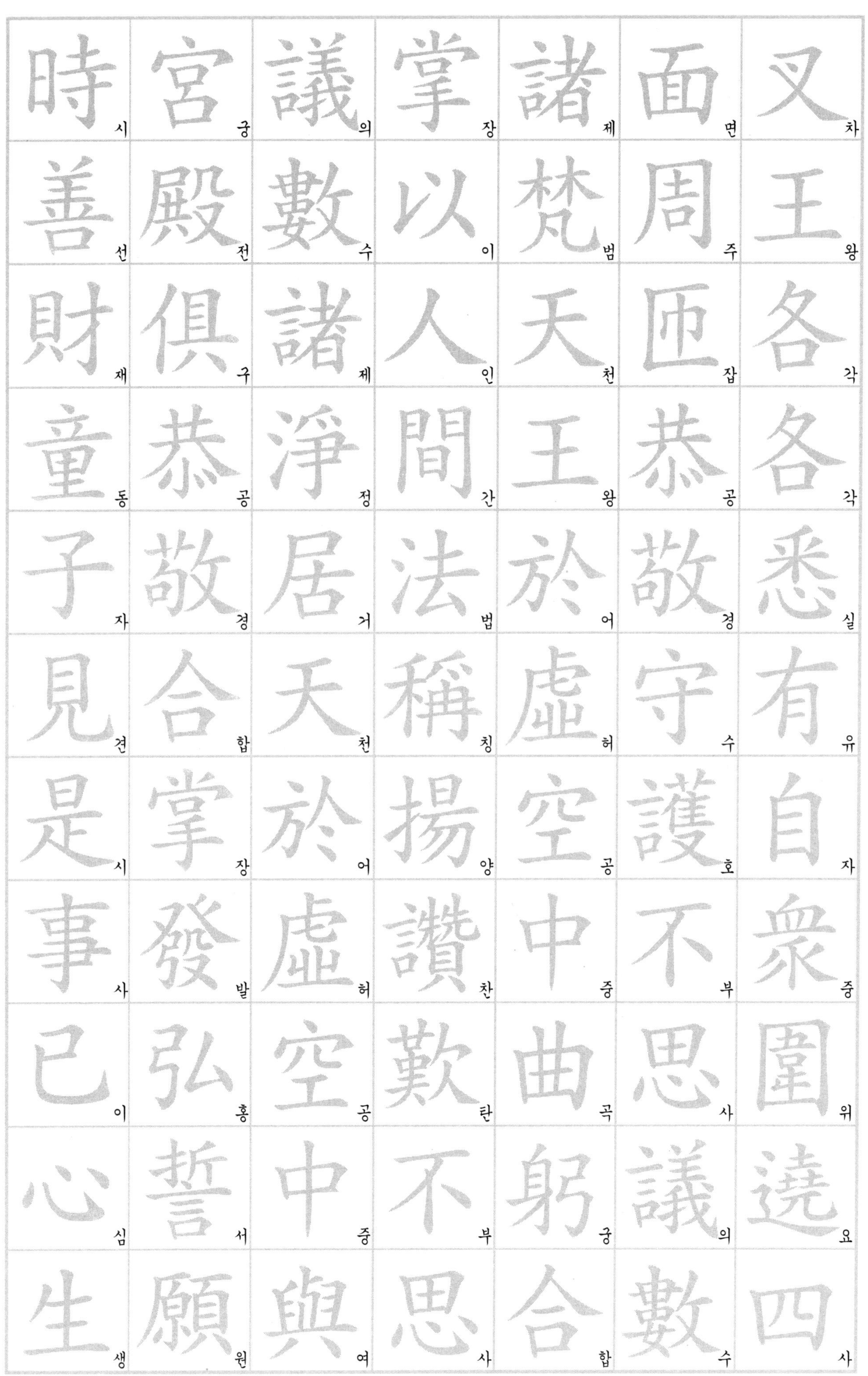
叉王各各悉有自衆圍遶四
차왕각각실유자중위요사
面周匝恭敬守護不思議數
면주잡공경수호부사의수
諸梵天王於虛空中曲躬合
제범천왕어허공중곡궁합
掌以人間法稱揚讚歎不思
장이인간법칭양찬탄부사
議數諸淨居天於虛空中與
의수제정거천어허공중여
宮殿俱恭敬合掌發弘誓願
궁전구공경합장발홍서원
時善財童子見是事已心生
시선재동자견시사이심생

사경의 공덕은 십만억 부처님께 공양한 것과 같은 공덕이 있습니다.

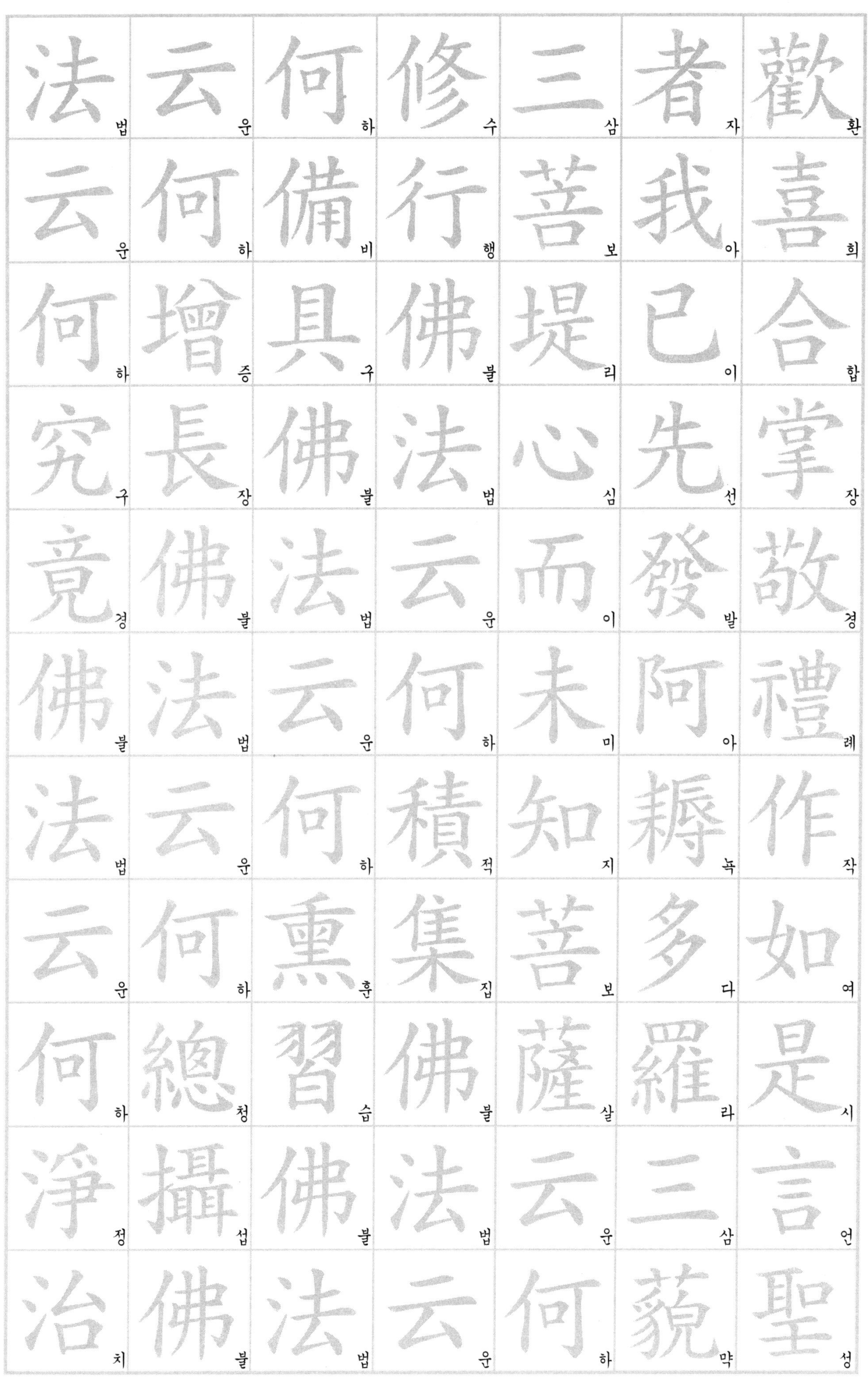

사경의 공덕은 십만억 부처님께 공양한 것과 같은 공덕이 있습니다.

佛法云何深淨佛法云何通
達佛法我聞聖者善能誘誨
唯願慈哀爲我宣說菩薩云
何不捨見佛常於其所精勤
修習菩薩云何不捨菩薩與
諸菩薩同一善根菩薩云何
不捨佛法悉以智慧而得明

사경의 공덕은 십만억 부처님께 공양한 것과 같은 공덕이 있습니다.

사경의 공덕은 십만억 부처님께 공양한 것과 같은 공덕이 있습니다.

住普於一切諸有趣中猶如
變化示受生死修菩薩行菩
薩云何不捨聞法悉能領受
諸佛正教菩薩云何不捨智
光普入三世智所行處
時善住比丘告善財言善
哉善哉善男子汝已能發阿

사경의 공덕은 십만억 부처님께 공양한 것과 같은 공덕이 있습니다.

耨多羅三藐三菩提心今復
녹다라삼약사보리심금부

發心求問佛法一切智法自
발심구문불법일체지법자

然者法善男子我已成就菩
연자법선남자아이성취보

薩無礙解脫門若來若去若
살무애해탈문약래약거약

行若止隨順思惟修習觀察
행약지수순사유수습관찰

卽時獲得智慧光明名究竟
즉시획득지혜광명명구경

無礙得此智慧光明故知一
무애득차지혜광명고지일

種 종	障 장	知 지	切 체	切 체	切 체	切 체
種 종	礙 애	一 일	衆 중	衆 중	衆 중	衆 중
差 차	知 지	切 체	生 생	生 생	生 생	生 생
別 별	一 일	衆 중	未 미	宿 숙	歿 몰	心 심
無 무	切 체	生 생	來 래	命 명	生 생	行 행
所 소	衆 중	現 현	劫 겁	無 무	無 무	無 무
障 장	生 생	在 재	事 사	所 소	所 소	所 소
礙 애	言 언	世 세	無 무	障 장	障 장	障 장
決 결	語 어	事 사	所 소	礙 애	礙 애	礙 애
一 일	音 음	無 무	障 장	知 지	知 지	知 지
切 체	聲 성	所 소	礙 애	一 일	一 일	一 일

사경의 공덕은 십만억 부처님께 공양한 것과 같은 공덕이 있습니다.

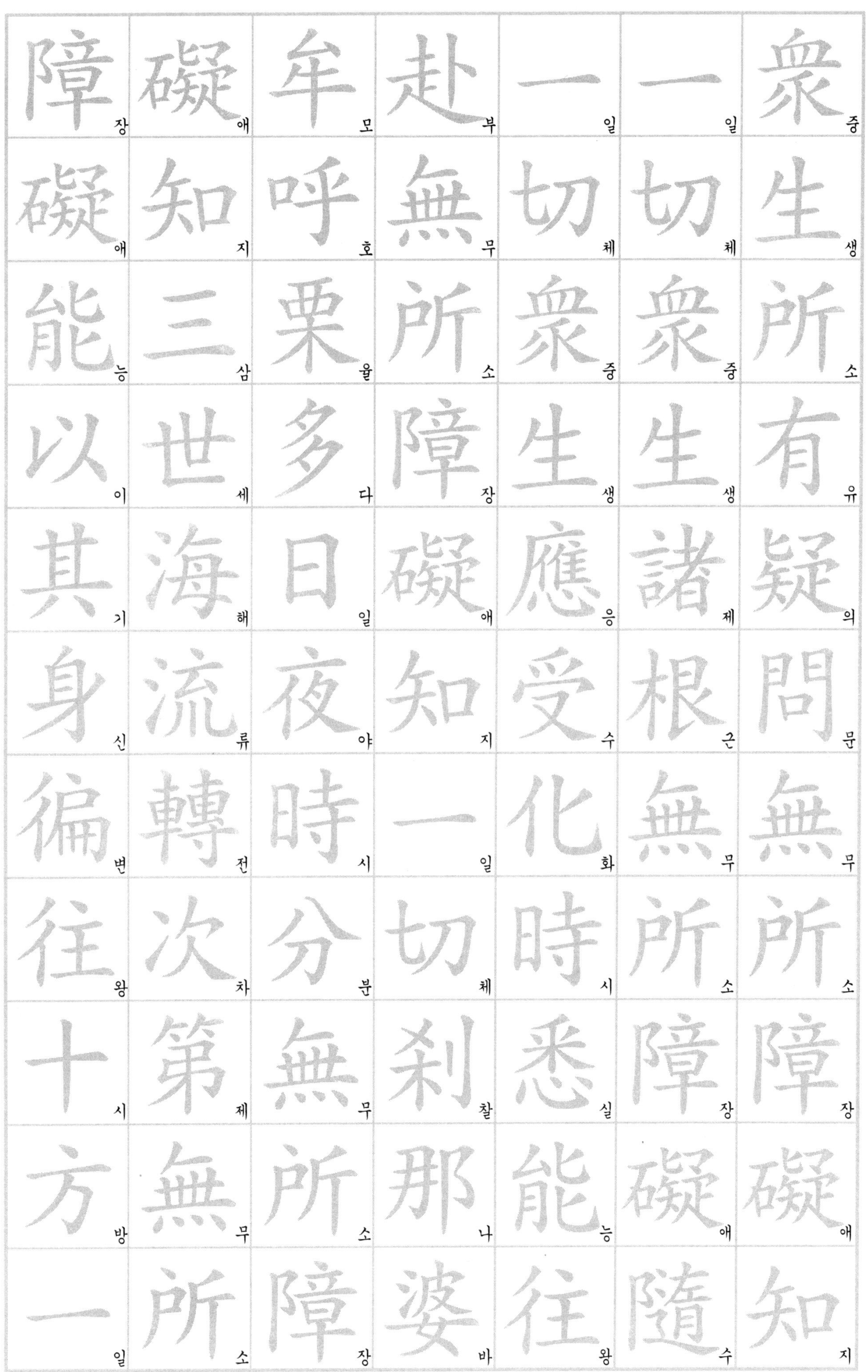
衆生所有疑問無所障礙知
중생소유의문무소장애지
一切衆生諸根無所障礙隨
일체중생제근무소장애수
一切衆生應受化時悉能往
일체중생응수화시실능왕
赴無所障礙知一切剎那婆
부무소장애지일체찰나바
牟呼栗多日夜時分無所障
모호율다일야시분무소장
礙知三世海流轉次第無所
애지삼세해류전차제무소
障礙能以其身偏往十方一
장애능이기신변왕시방일

切佛刹無所障礙何以故得
체불찰무소장애하이고득

無住無作神通力故善男子
무주무작신통력고선남자

我以得此神通力故於虛空
아이득차신통력고어허공

中或行或住或坐或現或臥或隱
중혹행혹주혹좌혹현혹와혹은

或顯或現一身或現多身穿
혹현혹현일신혹현다신천

度牆壁猶如虛空於虛空中
도장벽유여허공어허공중

結跏趺坐往來自在猶如飛
결가부좌왕래자재유여비

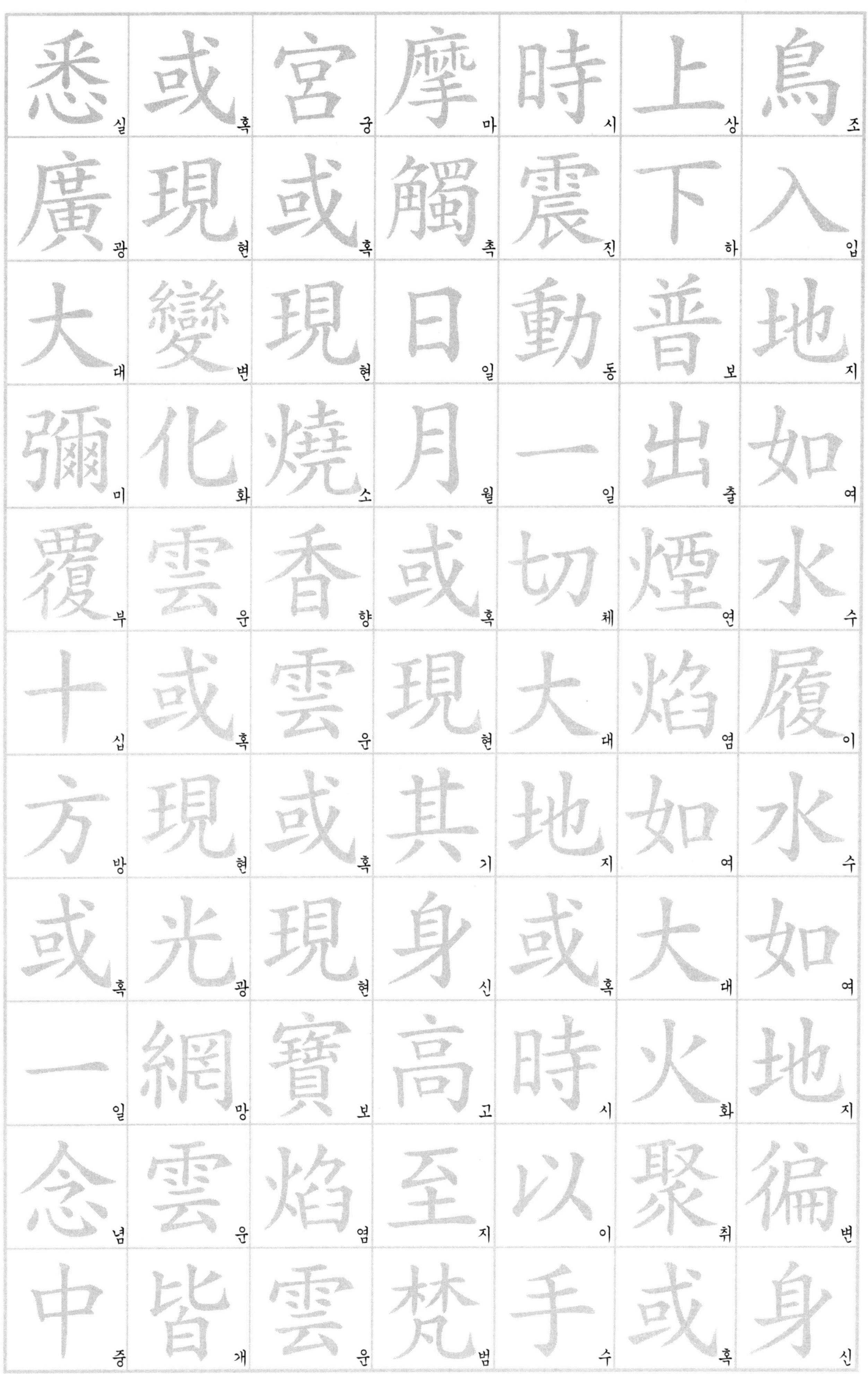

鳥入地如水履水如地徧身
조 입 지 여 수 이 수 여 지 변 신
上下普出煙焰如大火聚或
상 하 보 출 연 염 여 대 화 취 혹
時震動一切大地或時以手
시 진 동 일 체 대 지 혹 시 이 수
摩觸日月或現其身高至梵
마 촉 일 월 혹 현 기 신 고 지 범
宮或現燒香雲或現寶焰雲
궁 혹 현 소 향 운 혹 현 보 염 운
或現變化雲或現光網雲皆
혹 현 변 화 운 혹 현 광 망 운 개
悉廣大彌覆十方或一念中
실 광 대 미 부 십 방 혹 일 념 중

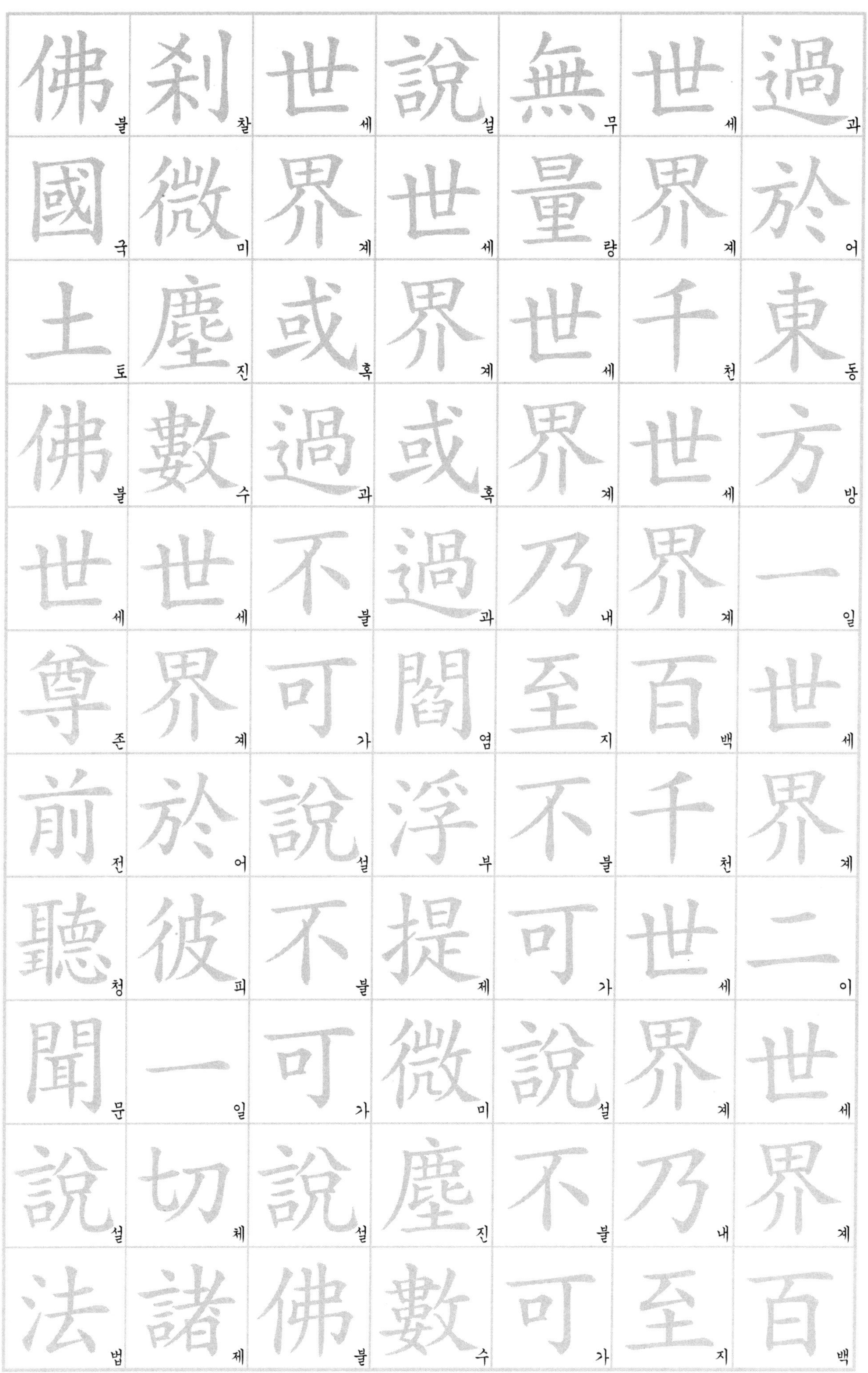

過於東方一世界二世界百
世界千世界百千世界乃至
無量世界乃至不可說不可
說世界或過閻浮提微塵數
世界或過不可說不可說佛
刹微塵數世界於彼一切諸
佛國土佛世尊前聽聞說法

一(일) 佛(불) 所(소) 現(현) 無(무) 量(량) 佛(불) 刹(찰) 微(미) 塵(진)

數(수) 差(차) 別(별) 身(신) 一(일) 一(일) 身(신) 雨(우) 無(무) 量(량) 佛(불)

刹(찰) 微(미) 塵(진) 數(수) 供(공) 養(양) 雲(운) 所(소) 謂(위) 一(일) 切(체)

華(화) 雲(운) 一(일) 切(체) 香(향) 雲(운) 一(일) 切(체) 鬘(만) 雲(운) 一(일)

切(체) 末(말) 香(향) 雲(운) 一(일) 切(체) 塗(도) 香(향) 雲(운) 一(일) 切(체)

蓋(개) 雲(운) 一(일) 切(체) 衣(의) 雲(운) 一(일) 切(체) 幢(당) 雲(운) 一(일)

切(체) 幡(번) 雲(운) 一(일) 切(체) 帳(장) 雲(운) 以(이) 一(일) 切(체) 身(신)

사경의 공덕은 십만억 부처님께 공양한 것과 같은 공덕이 있습니다.

一切衆生我皆明見隨其大
일체중생아개명견수기대

小勝劣苦樂示同其形教化
소승열고락시동기형교화

成就若有衆生親近我者悉
성취약유중생친근아자실

令安住如是法門善男子我
령안주여시법문선남자아

唯知此普速疾供養諸佛成
유지차보속질공양제불성

就衆生無礙解脫門如諸菩
취중생무애해탈문여제보

薩持大悲戒波羅蜜戒大乘
살지대비계바라밀계대승

戒계 菩보 薩살 道도 相상 應응 戒계 無무 障장 礙애 戒계

不불 退퇴 墮타 戒계 不불 捨사 菩보 提리 心심 戒계 常상

以이 佛불 法법 爲위 所소 緣연 戒계 於어 一일 切체 智지

常상 作작 意의 戒계 如여 虛허 空공 戒계 一일 切체 世세

間간 無무 所소 依의 戒계 無무 失실 戒계 無무 損손 戒계

無무 缺결 戒계 無무 雜잡 戒계 無무 濁탁 戒계 無무 悔회

戒계 淸청 淨정 戒계 離이 塵진 戒계 離이 垢구 戒계 如여

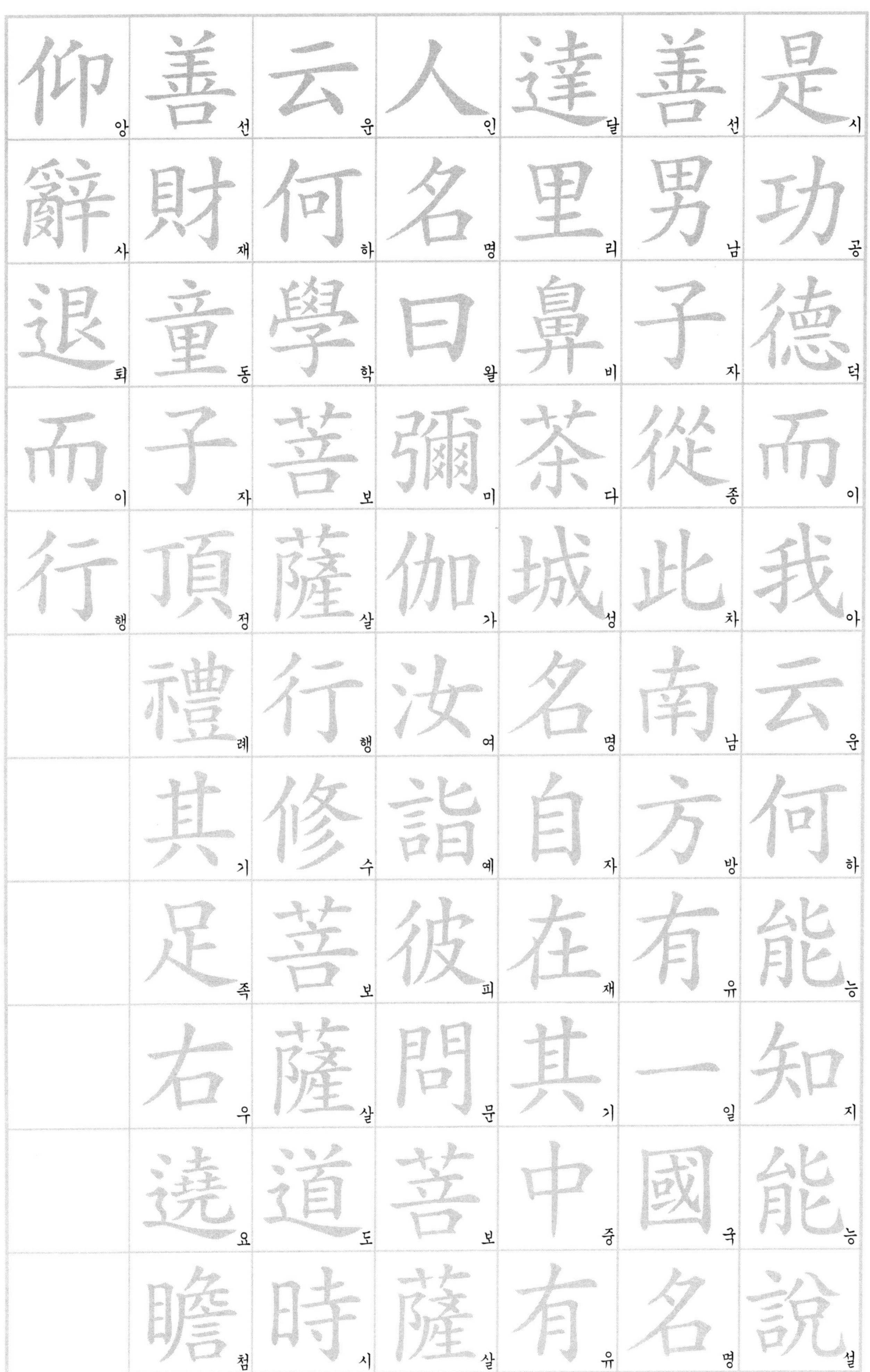

사경의 공덕은 십만억 부처님께 공양한 것과 같은 공덕이 있습니다.

發 願 文

귀의 삼보하옵고
거룩하신 부처님께 발원하옵나이다.

주　　소 : ____________________

전　　화 : ____________ 불명 : ________ 성명 : ________

불기 25 ______ 년 ______ 월 ______ 일